Farinha de mandioca
O SABOR BRASILEIRO E AS RECEITAS DA BAHIA

Dados Internacionais de Catalogação na Publicação (CIP)
(Jeane Passos Santana – CRB 8ª/6189)

Farinha de mandioca: o sabor brasileiro e as receitas da Bahia /
Raul Lody (organizador). São Paulo : Editora Senac São Paulo, 2013.

Bibliografia.
ISBN 978-85-396-0379-4

1. Alimentos – Aspectos culturais 2. Farinha de mandioca – Aspectos culturais 3. Culinária (Farinha de mandioca) I. Lody, Raul.

13-112s   CDD-641.63682

Índice para catálogo sistemático:

1. Culinária (Farinha de mandioca)   641.63682

Farinha de mandioca

O SABOR BRASILEIRO E AS RECEITAS DA BAHIA

ORGANIZAÇÃO
RAUL LODY

Editora Senac São Paulo – São Paulo – 2013

ADMINISTRAÇÃO REGIONAL DO SENAC NO ESTADO DE SÃO PAULO

Presidente do Conselho Regional: Abram Szajman
Diretor do Departamento Regional: Luiz Francisco de A. Salgado
Superintendente Universitário e de Desenvolvimento: Luiz Carlos Dourado

EDITORA SENAC SÃO PAULO

Conselho Editorial: Luiz Francisco de A. Salgado
Luiz Carlos Dourado
Darcio Sayad Maia
Lucila Mara Sbrana Sciotti
Jeane Passos Santana

Gerente/Publisher: Jeane Passos Santana (jpassos@sp.senac.br)
Coordenação Editorial: Márcia Cavalheiro Rodrigues de Almeida (mcavalhe@sp.senac.br)
Thaís Carvalho Lisboa (thais.clisboa@sp.senac.br)
Comercial: Marcelo Nogueira da Silva (marcelo.nsilva@sp.senac.br)
Administrativo: Luís Américo Tousi Botelho (luis.tbotelho@sp.senac.br)

Apoio à Pesquisa e à Organização do Livro: Jorge Sabino
Edição de Texto: Vanessa Rodrigues
Preparação de Texto: Camile Mendrot e Patrícia Vilar (Ab Aeterno)
Revisão de Texto: Globaltec Editora Ltda., Luciana Lima (coord.)
Projeto Gráfico, Capa e Editoração Eletrônica: Antonio Carlos De Angelis
Foto da Capa: Marisa Vianna
Impressão e Acabamento: Rettec Artes Gráficas e Editora Ltda.

Proibida a reprodução sem autorização expressa.
Todos os direitos desta edição reservados à
Editora Senac São Paulo
Rua Rui Barbosa, 377 – 1º andar – Bela Vista – CEP 01326-010
Caixa Postal 1120 – CEP 01032-970 – São Paulo – SP
Tel. (11) 2187-4450 – Fax (11) 2187-4486
E-mail: editora@sp.senac.br
Home page: http://www.editorasenacsp.com.br

© Editora Senac São Paulo, 2013

Sumário

Nota do editor, 7

Introdução – Farinha à mesa, 9
Raul Lody

Mandioca, a raiz do Brasil, 17
Joselito da Silva Motta

E, nutricionalmente, o que é que a farinha tem?, 27
Lílian Lessa Andrade Lino e Ícaro Ribeiro Cazumbá

Da mandioca ao pirão, uma aventura de sabores, 35
Asdrubal Vieira Senra

Salvem as casas de farinha, 73
Fernanda Cabrini e Marcelo Terça-Nada!

A farinha de mandioca no prato brasileiro, 83
Odilon Braga Castro

A farinha de mandioca, indispensável para quem viveu na roça:
a experiência de Antonio, 97
Antonio Andrade Santos e Lílian Lessa Andrade Lino

Farofas e pirões, 107
Elmo Alves Silva e Jane de Albuquerque Melo Figueirêdo

Farinha de copioba e seu potencial para indicação geográfica (IG), 131
Janice Izabel Druzian, Carolina Oliveira de Souza,
Diego Roberto da Cunha Pascoal e Itaciara Larroza Nunes

Sobre os autores, 169

Nota do editor

Na carta que escreveu ao rei de Portugal, em 1500, Pero Vaz de Caminha deixou registrado, sobre os hábitos naquela localidade recém-descoberta: "Eles não comem senão d'outra coisa a não ser dum inhame que brota de terra". Base alimentar dos indígenas, a mandioca acompanhou a miscigenação que resultou no povo brasileiro – índio, europeu e negro – e passou a integrar pratos de inspirações variadas que, hoje, formam a autêntica culinária nacional. Não à toa, em seu *História da alimentação no Brasil*, o folclorista Luís da Câmara Cascudo dedicou um capítulo especial à mandioca, denominando-a de "rainha do Brasil", por conta de seu valor histórico e nutricional.

Em alguns estados do país, a farinha de mandioca – o subproduto mais famoso da raiz – é mais do que um ingrediente de cozinha. É o caso da Bahia, onde a dupla feijão com arroz é, na verdade, trio (feijão com arroz e farinha) e onde a farinha de mandioca envolve todo um conjunto de práticas e relações que se estabelecem por meio de sua produção e de seus usos.

Esses aspectos econômicos, sociais e culturais compõem os textos da presente coletânea, tão diversos em suas abordagens quanto a própria utilização da farinha. As receitas típicas reunidas pelos pesquisadores temperam esta leitura que o Senac São Paulo traz a público, reafirmando seu papel de referência em estudos da gastronomia.

INTRODUÇÃO
Farinha à mesa

Raul Lody

Certamente, os alimentos, os preparos culinários, as receitas e os cardápios são importantes meios para localizar e construir referências: visual, olfativa, tátil, gustativa e emocional perante uma comida. Pois a comida é uma das realizações da história de um povo, de uma civilização; é um retrato do meio ambiente e uma das formas de interpretação de memórias.

No caso do Brasil, a mandioca é uma marca fundamental, e nativa, da organização de vários sistemas alimentares. Seus muitos produtos possibilitam realizações culinárias que trazem a ancestralidade de povos autóctones das florestas. Esses conhecimentos do bem comer são ampliados e transformados no encontro com as "cozinhas" da Europa; também, com as muitas culturas africanas e com as "cozinhas" de imigrantes.

A ocorrência nacional da mandioca possibilita a formalização de cozinhas nativas, "da terra". Outras cozinhas americanas também possuem suas cozinhas da terra, como aquelas que fazem uso de folhas de milho no preparo de alimento; entre essas receitas estão os tamales mexicanos, um dos mais conhecidos, e a pamonha feita com massa de milho e temperos, embalada na folha de milho, e depois cozida. O uso de pimentas do gênero *Capsicum* também faz parte das cozinhas nativas, há uma antiga tradição indígena para o preparo de carnes de caça e peixes com esse tipo de pimenta. Entre as muitas formas de comer mandioca, há um caso exemplar e verdadeiramente nacional que se dá com a farinha, a farinha de mandioca.

Pode-se dizer que o brasileiro é um "comedor de farinha", um grande apreciador da farinha de mandioca, e, com esse ingrediente, ele cria e retoma as memórias milenares das civilizações americanas; e faz cardápios que nos identificam e nos singularizam como povo.

COMEDOR DE FARINHA

Pode-se adicionar farinha de mandioca a quase tudo: às frutas, às leguminosas, aos molhos, à pimenta amassada, ao ovo, aos peixes, às aves, às carnes, ao mel, ao melado, ao leite, ao açúcar ou comê-la simplesmente pura, saborosamente pura. É possível sentir o buquê, a textura, a qualidade que caracteriza a procedência de uma farinha, assim como o lugar, *terroir*, que determina a técnica e o estilo de sua confecção.

A farinha acompanha o brasileiro no seu cotidiano e também no tempo da festa. Farofas especiais, feitas com ingredientes também especiais e, por isso, chamadas por muita gente de "farofa-rica" são aquelas em que se aproveitam os miúdos da galinha, que será assada. Os sabores são ampliados quando se juntam ovos, manteiga, cebola e tantas outras possibilidades de ingredientes. A farinha de mandioca também é usada como recheio para peixes assados inteiros. Muitos são recheados com a farofa de ovos junto de outros temperos. Geralmente, essas farofas fazem parte da categoria "molhada", quando a farinha de mandioca absorve bem seus complementos e ganha um valor tão significativo quanto o do prato principal.

Um outro uso consagrado da farinha de mandioca é para cobrir a comida no prato. A farinha é colocada generosamente sobre o feijão, o arroz, o macarrão. Há uma fantástica liberdade no uso da farinha, e isso compõe as nossas identidades gastronômicas.

A farinha de mandioca assim usada funciona como uma verdadeira liga entre tudo o que está no prato. Se a comida é mole, uma quiabada, por exemplo, a farinha dá uma consistência especial, pois, quando bem misturada ao prato, ela acrescenta novos e especiais sabores.

INTRODUÇÃO – FARINHA À MESA

Um exemplo de como a liga "funciona" no prato: faz-se o prato com o feijão, o arroz, o macarrão – espaguete – e um pedaço de carne guisada. Então, inicia-se o ritual. Após o reconhecimento da comida com uma faca, o macarrão é picadinho e começa a se revolver tudo até que chega o momento especial de colocar a farinha de mandioca. Nesse momento de culminância, existem alguns princípios. A farinha pode ser pulverizada sobre tudo em várias camadas até se conseguir a textura desejada ou, então, ela é colocada em grandes quantidades, e, com o uso do garfo, vai-se amassando geral.

A qualidade da liga é um conceito autoral e pessoal. Quando, visualmente, há uma predominância do branco da farinha, é o momento de comer, deixando a carne para o final da refeição, pois há algumas regras a serem seguidas, e, entre elas, uma é a de que o principal do prato come-se no final. E, assim, gloriosamente, a carne culmina a refeição.

A carne tem um valor especial dentro das nossas cozinhas regionais. É uma comida considerada nobre; uma comida que retoma formas ancestrais das caças imemoriais dos provedores, dos caçadores, daqueles que dão de comer, e, junto com tudo isso, há também o sentimento do bem comer. Pois comer bem é comer com carne.

Para a clássica receita do arroz com feijão há uma orientação na formulação do prato, que passa a ser quase uma regra seguida por milhares de brasileiros. Primeiro, coloca-se no prato o feijão; depois, a farinha, a gosto, é colocada sobre o feijão; e, assim, juntos, são amassados, revolvidos e, conforme o desejo do criador da refeição, sobre essa "massa" de feijão e farinha, vem o arroz.

A farinha de mandioca é também sutil, de uso delicado, e integrador de texturas e principalmente sabores. Trago lembranças de um caldo de mocotó servido com um pouquinho de mocotó e uma rodela de calabresa. Aí, então, ouvi o conselho: "ponha um pouco de farinha". E assim o fiz. Foi uma delícia. Tudo se harmonizava, era um caldo quase consistente, aquele líquido feito por mãos baianas mostrava uma sofisticada sabedoria de fazer comida.

Comida de "lamber os beiços", como se diz popularmente. O mesmo se pode fazer com o caldo do sururu, adicionando-se, de maneira sutil, a farinha, uma pimenta fresca e tudo resulta em um banquete de gosto tropical.

Muito se faz à mesa para culminar a refeição no prato com o aproveitamento de caldos de carnes, de peixes, de camarões e o acréscimo da farinha de mandioca. É uma criação individual, autoral, para consumo próprio; para substituir o pão nos últimos vestígios do molho, para não desperdiçar aquele pedacinho de paio, de toucinho, que irá culminar a refeição. Os molhos de pimentas frescas são importantes companhias para esses preparos no prato, que, muitas vezes, têm a quantidade de apenas uma colherada, um verdadeiro arremate.

Essas experiências gastronômicas marcam exemplos da boa comida, sem os rótulos exógenos de ser "alta" ou "baixa" gastronomia, que são conceitos estranhos para o meu entendimento sobre o que é uma boa comida.

FORMAÇÃO DO PALADAR OU
O MEU GOSTO PELA FARINHA

As melhores memórias de sabores estão na infância. Assim, trago algumas experiências pessoais na construção dos meus hábitos de escolher as comidas e, certamente, seus significados. Hábitos que têm o uso da farinha de mandioca na formação de um paladar bem brasileiro.

O paladar brasileiro está agregado às muitas e diferentes farinhas de mandioca, que, por sua vez, têm suas características especiais que identificam nossas diversas regiões e seus diferentes sabores. Rodelas de banana recobertas de farinha de mandioca e, sobre elas, melado ou mel de engenho, grosso, com cheiro de cana-de-açúcar. Uma forma de comer frutas com farinha. Também é muito gostoso misturar rapadura com farinha; bolinhos de feijão com farinha, para ser comido com as mãos. Há, ainda, as deliciosas farofas bem molhadas, quer dizer com muito dendê, camarões defumados e, para acompanhar, galinha, arroz, acaçá branco e vatapá, entre

INTRODUÇÃO – FARINHA À MESA

tantas delícias. Certamente, a mesa baiana é rica de criações com o uso da farinha de mandioca.

Nesse universo das farinhas, as feiras e os mercados tradicionais, e populares, são tidos como os melhores locais para o contato direto com esse precioso acervo que é variadíssimo em tipos. Geralmente, os eventos das feiras semanais são verdadeiros encontros, e maneiras de reunir a produção de alimentos e os seus produtores, sendo um dos mais notáveis espaços de socialização e de contato com a vida regional. São verdadeiros rituais da biodiversidade.

Destaque para as áreas da venda de farinha de mandioca, que, geralmente, estão dispostas junto à venda de feijão, de fava e de outras leguminosas. Antes de comprar, é importante "provar", pois a prova é um ritual essencial para verificar e reconhecer a qualidade e a variedade das farinhas.

Sem dúvida, a feira e o mercado, nesses contextos regionais, são espaços sociais e econômicos para experimentar o que as regiões oferecem de produtos, com especial destaque aos ingredientes das cozinhas regionais. São exercícios patrimoniais e de cultivo das identidades, do direito à diferença e à alteridade.

A farinha é o grande alimento da boca e do sentimento de saciedade. É um grande "mata-fome". Farinha misturada com água é uma base que faz a subsistência.

A FARINHA NA MESA AFRO-BAIANA

Entre os muitos pratos de matriz africana que estão na vida gastronômica da Bahia, alguns assumiram a farinha de mandioca como um importante ingrediente, ou como um complemento.

Por exemplo, a farofa de dendê é o prato sagrado do orixá inaugural, Exu, dentro das tradições religiosas dos iorubás. Essa farofa é geralmente chamada de padê, que, em língua iorubá, significa "encontro", sendo também um ritual que aproxima a pessoa e a comunidade do orixá.

FARINHA DE MANDIOCA

A comida estabelece esse contato, realiza essa fala simbólica. Por meio da farofa de dendê, Exu está alimentado e exerce seu papel de comunicador, pois Exu fala todas as línguas do mundo. O orixá estabelece todos os contatos com o *orun* e o *ayê*, respectivamente, o céu e a terra, e o contato entre os homens e as divindades, os orixás. As comidas de Exu são também preparadas com muita pimenta, o que amplia os sabores das carnes, do dendê e da farinha de mandioca. Esse é um tipo de farofa para ser comido com as mãos.

Sem dúvida, os cardápios dos terreiros de candomblé da Bahia, especialmente os do Recôncavo, são importantes espaços patrimoniais que reúnem acervos de receitas e de técnicas culinárias. Esses espaços trazem as memórias de povos africanos e preservam receitas de criação afro-baiana.

A farofa de dendê é servida também nas festas públicas como acompanhamento de muitas "comidas de azeite" como: feijão de azeite; caruru; omolocum; ipeté; xinxim de galinha; acarajé; abará; carnes de aves e de caprinos; entre outras.

Outro caso notável do uso da farinha de mandioca é o da função de agregar, integrar as comidas, por exemplo, o amalá de Xangô é feito com quiabo, dendê, carne bovina e, em especial, pimenta, sobre uma base de pirão de inhame. Esse pirão pode ser feito também com farinha de mandioca. Geralmente o amalá é servido numa gamela redonda de madeira e guarnecido de acaçás brancos, quando o seu oferecimento é ritual no peji, santuário do orixá.

Essa mesma receita é dividida com todas as pessoas que participam dos rituais, assim, o amalá é servido em pratos recobertos com farinha de mandioca. Essa experiência se dá na tradição das quartas-feiras, dia da semana consagrado ao orixá Xangô no Ilê Axê Opô Afonjá, Salvador. Por isso, é tradição visitar a "Casa de Xangô" nas quartas-feiras.

A farinha de mandioca, portanto, está integrada à cozinha afro-baiana e é acompanhamento para muitos pratos do cotidiano, pois grande parte dos cardápios do Recôncavo tem a marca dos povos africanos.

INTRODUÇÃO – FARINHA À MESA

Entre esses pratos estão as feijoadas e as anduzadas, sempre acompanhadas de farinha. Ainda existem as farofas, para compor os cardápios dos feijões. Há muitas farofas de estilos e criações tão autorais quanto os melhores temperos. São formas de identificar lugares e pessoas.

Na Bahia, a farinha também está nas cozinhas do sertão; temos como exemplo o feijão-tropeiro, feijão sem caldo misturado com farinha de mandioca e temperos. Enfim, há um gosto regional pelas farinhas.

SEMPRE FARINHA

As interpretações sobre as farinhas nascem nas formações dos paladares regionais, pois certos estilos e resultados dos gostos das farinhas têm assinaturas que ocorrem durante a técnica de seu processamento, que é realizada na casa de farinha. São texturas, granulações, temperos. E os resultados estão integrados às receitas dos lugares e atendem aos desejos do paladar local. Reconhecendo-se a farinha se reconhecem a pessoa, a sua comunidade e a sua região, pois a farinha tem uma assinatura, uma marca.

A farinha é um elemento construtor de identidades. Os habitantes do Norte do Brasil gostam de farinha mais grossa, farinha-d'água. Os da região Sudeste gostam de farinha mais fina e branquinha, do tipo farinha seca. Já os baianos do Recôncavo têm na farinha de copioba seu ideal de delícia feita de mandioca, que é um acompanhamento para tudo o que necessita de farinha à mesa. É uma farinha de textura e coloração peculiares, um complemento para muitos pratos do cotidiano.

Grande celebração da mandioca, a farinha de mandioca é base para tantos temas culinários que identificam e afirmam as características da mesa multicultural da Bahia. Uma mesa rica de produtos feitos a partir da mandioca, uma mesa ungida com as mais saborosas farinhas.

A farinha de mandioca nas nossas mesas faz parte da construção dos nossos hábitos e preferências, traz as melhores memórias de paladares, de

FARINHA DE MANDIOCA

estética das comidas e, principalmente, do reconhecimento dos sabores integrados aos seus lugares de pertencimento.

Venha viver esses sabores da farinha de mandioca e as suas histórias nas tradições da Bahia, lugar que reúne um dos mais notáveis acervos gastronômicos do Brasil.

Mandioca, a raiz do Brasil

Joselito da Silva Motta

A mandioca (*Manihot esculenta Crantz*) é uma planta originária do Brasil, e suas raízes são fonte de amido e carboidrato, amplamente utilizados na alimentação humana e animal; sua importância alimentar se dá pelo fato de ser a principal fonte de carboidratos para mais de 600 milhões de pessoas no mundo (Fukuda, 2005). A mandioca possui uma combinação de nutrientes na raiz e na parte aérea, esta última rica em proteínas, que a qualificam de forma diferenciada quando comparada a outras plantas cultivadas. Destaca-se ainda pela resistência à seca, por se adaptar a solos de baixa fertilidade, requerer moderadamente, ou dispensar, o uso de agroquímicos em seu cultivo e possuir incomparável versatilidade de usos no campo alimentar e industrial.

Sua história se confunde com a história do descobrimento do nosso território pelos portugueses, que aqui a encontraram como base alimentar dos povos indígenas.

Na primeira carta ao rei de Portugal, Pero Vaz de Caminha faz o primeiro registro da prodigiosa raiz: "Eles não lavram nem criam; aqui não há boi nem vaca, nem cabra, nem ovelha nem galinha ou qualquer outra criação que acostumada seja ao viver dos homens". Sobre os nativos: "São tão rijos, tão nédios, que não o somos tanto, com tanto trigo e legumes que comemos". Sobre o alimento: "Eles não comem senão d'outra coisa a não ser dum inhame que brota de terra". O inhame a que se referia o escrivão não era outro senão a nossa raiz: a raiz do Brasil. As escavações em sítios arqueológicos e estudos com o auxílio do carbono 14 apontam o Brasil central, mais ao norte, como centro de origem e dispersão da mandioca; daqui, ela seguiu para a África e para a Ásia e é cultivada hoje em cerca de oitenta países (Conceição, 1979). Em 1553, com a chegada do padre José de Anchieta, foi batizada por ele como "pão da terra" ou "pão dos trópicos".

A história do Brasil é muito pródiga em registros sobre a importância da mandioca, que tem como aliado, entre muitos outros, o historiador e folclorista potiguar Luís da Câmara Cascudo, autor do livro *História da alimentação no Brasil*. Nele o autor destinou um capítulo especial à mandioca, denominando-a de "rainha do Brasil", no qual destaca seu valor histórico, cultural e alimentar.

O antropólogo alemão Hans Staden, que na época do descobrimento se incorporou em Lisboa à esquadra de Cabral, tem inúmeros registros de fatos que colocam a raiz do Brasil em evidência nos primórdios da colonização. Seu primeiro derivado, originalmente obtido pelos índios, seguia alguns passos: a raiz era descascada e ralada em artefatos rústicos feitos com lascas de pedras, conchas do mar ou dentes de animais cravados na madeira, para, em seguida, ser prensada como uma massa no tipiti (cesto cilíndrico de palha), esfarelada em uma peneira, ou urupemba, para, finalmente, ser mexida sobre uma laje de pedra colocada sobre fogo, gerando o primeiro produto: a farinha de mandioca, uma farinha especial e saborosa, que sacia e satisfaz. A carne e o peixe eram abundantes, e a farinha, o complemento ideal, indispensável. Dada sua condição de alimento que não se deteriora rapidamente e de sabor agradável ao paladar, foi logo incorporada à intendência de navegação. As embarcações que aportavam no Brasil se abasteciam de farinha de mandioca para seguir jornada ao longo da América. Seguia também para a África para servir de alimento nos porões dos navios negreiros, na viagem de regresso ao Brasil, e também nos ciclos do pau--brasil, da cana-de-açúcar, do café, etc. Há historiadores que afirmam que, sem a mandioca, o tempo de desbravamento do nosso território seria bem mais longo e, para alguns, quase impossível. Câmara Cascudo descreve com propriedade: "A farinha era o basalto, o fundamental, a reserva, a provisão, o recurso" (Câmara Cascudo, 2004, p. 92).

A tradição do seu fabrico foi logo apropriada pelas primeiras levas de escravos provenientes das colônias portuguesas na África. Do escorrimento da manipueira[1] leitosa surgia, por decantação, a tapioca úmida, matéria-prima para os beijus e tapiocas recheadas, que mereceram o registro nas cartas de Pero Vaz de Caminha ao rei de Portugal: "Faz-se por aqui umas broas chamadas beijus ou filhós tão alvos e saborosos que superam em muito o pão desse reino". Os primeiros governadores gerais do Brasil, Thomé de Souza, Duarte da Costa e Mem de Sá, embora portugueses e detentores do privilégio do trigo à mesa, preferiam os derivados da mandioca por considerá-los mais saudáveis.

Em outro momento da história, na última década do século XVIII, comerciantes especuladores, antevendo as secas cíclicas do Nordeste, compravam a farinha de mandioca para vender a preços elevados no momento da crise. O fato obrigou o governo da época a confiscar a farinha – primeiro produto confiscado pelo governo – para vendê-la a preços módicos, mais acessíveis, para as populações mais pobres. A chegada da farinha do governo era anunciada com o espocar de foguetes, daí a expressão também registrada na história: "farinha de foguete" (Aguiar, 1982). Entre todos os momentos da história da raiz no país, o mais destacado acontece no século XIX com a instalação da 1ª Constituição do Brasil em 1823, denominada Constituição da Mandioca. Chamada elitista, a constituição era a expressão da importância da mandioca: o povo não votava, somente os detentores de posses tinham direito ao voto; essas posses não eram medidas em moeda corrente, mas, sim, em alqueires de farinha de mandioca (medidos em litros). Para votar na paróquia, era necessário ter um patrimônio equivalente a 150 alqueires de farinha de mandioca e, na província, a 250 alqueires; para

---

1 Líquido extraído das raízes da mandioca no processo de prensagem da massa.

se candidatar a deputado, a 500 alqueires de farinha e a senador, a 1.000 alqueires de farinha de mandioca (Aguiar, 1982).

Em determinada passagem de minha vida profissional, tive a oportunidade de participar do programa de TV denominado *Muvuca*, em que a apresentadora Regina Casé me perguntou por que se come tanta farinha de mandioca no Brasil; cunhei a resposta com a seguinte descrição: "É porque a farinha, no prato, aumenta o que está pouco, esfria o que está quente e engrossa o que está ralo e, na pança, é quem dá sustança". No presente, a farinha tem posição destacada na alimentação do povo brasileiro e, em suas variações de cor, sabor e formas de fazer, torna-se fina, grossa, seca, pulverulenta, fermentada ou mista, apresentando um quadro de diversidade no qual o componente cultural define a preferência para cada região.

As farinhas do tipo copioba, do Recôncavo Baiano, e de Cruzeiro do Sul, no Acre – as duas em processo de certificação de origem –, conquistam a preferência dos consumidores e se destacam pela baixa umidade e por serem especialmente bem torradas. Em Santa Catarina, sobressai a farinha pulverulenta – muito rica em amido, é produzida nos engenhos de farinha originários das ilhas dos Açores para moagem de trigo e milho e adaptados ao processamento da mandioca. Já na região de Chapadinha e Santa Rita, no Maranhão, o primeiro lugar é ocupado pela farinha de carema. No Pará, maior produtor de mandioca, destaca-se a farinha-d'água de bragança, comercializada em paneiros protegida por folhas de guarimã. De formato curioso, e produzida no estado do Amazonas, a mais comentada é a de Uarini, município próximo a Tefé, denominada ova de peixe. Diferentes em seu uso, processos de fabricação, teores de umidade e granulometria, as farinhas de mandioca possuem em comum o apreço dos paladares mais variados em cada estado ou região do país.

A importância da mandioca foi preponderante no período colonial, e sua presença se estende ao longo dos séculos como base alimentar, mais destacadamente nas regiões Nordeste e Norte do país. No Brasil, a mandioca é cultivada em cerca de 2 milhões de hectares, e produzimos em torno de

27 milhões de toneladas de raiz provenientes na quase totalidade de mais de 14 milhões de agricultores familiares (Souza, 2005). A condição de maior produtor mundial, que o Brasil possuía em anos passados, foi ultrapassada pela Nigéria, no continente africano. Caímos, então, para o segundo lugar na produção no mundo (FAO, 2012). Essa situação é indicadora da necessidade de políticas públicas mais adequadas à produção de mandioca e de maior conhecimento de sua versatilidade na alimentação humana e animal, bem como formas apropriadas para torná-la um diferencial na fixação do homem no campo, auxiliando sobremodo no equilíbrio social.

Conhecida sob a denominação de mandioca, aipim ou macaxeira, a ciência esclarece as diferenças: as mansas, chamadas de mandioca de mesa nas regiões Sul, Sudeste e Centro-Oeste e de aipim ou macaxeira na região Nordeste, possuem teor de ácido cianídrico baixo (inferior a 100 ppm), adequado para o consumo fresco. As mandiocas chamadas bravas, utilizadas para a indústria, contêm teor de ácido cianídrico acima de 100 ppm, que se torna reduzido pelo processamento industrial (Souza, 2005).

Caldos, sucos, pães, bolos de puba e de aipim, escondidinho, bolachas, biscoitos, paçocas, cuscuz, tortas, rocamboles, mingaus, sopas, cremes, pudins, sorvetes, farinhas, pirões, purês, farofas, pizzas, maniçoba, tacacá, tucupi, chibé, caxiri, ximango, xiringa, avoador, peta, ginete, brevidade, casadinho, cozido e assado, sagu, farinha de tapioca, tapioca pipoca, tapioca recheada, pão de queijo, beijus tradicionais e coloridos preparados com frutas e hortaliças, pratos quentes e frios, doces e salgados são exemplos da vasta culinária regional espalhada Brasil afora, que evidenciam a presença da raiz do Brasil.

Essas possibilidades tão variadas, todas marcadas pelo componente energético proporcionado pelo carboidrato, fazem parte do cardápio diário da merenda escolar no Brasil em substituição a vários produtos industrializados, muitos deles inconvenientes à saúde das crianças e que são determinantes nos hábitos alimentares durante a juventude e na vida adulta.

Assim, os beijus coloridos, preparados com ingredientes naturais, encontram agregação de valor ao produto na associação da fécula ou polvilho com polpa de frutas ou extrato de hortaliças, a qual lhes confere cor, cheiro, sabor e, provavelmente, maior valor nutritivo quando comparados aos beijus tradicionais feitos apenas com fécula. A biodiversidade brasileira possibilita que, na região Norte, por exemplo, se incorporem açaí, taperebá, tucumã; na região Centro-Oeste, pequi, buriti, baru, jatobá ou pequiá; na região Sul, e no país como um todo, abacaxi, goiaba, maracujá, beterraba e hortaliças diversas.

Ao concentrarmos a atenção na riqueza de alternativas proporcionadas pela raiz não devemos desprezar o potencial alimentar proporcionado pela parte aérea da planta. Enquanto a raiz é rica em carboidratos, as ramas e folhas são fonte de proteínas, com elevados teores nas folhas, sendo de 28% a 32% compostas por vitaminas (B1, B2, B6, C e principalmente vitamina A) e minerais (Fe, Ca) (Souza, 2005). Toda essa riqueza pode estar na mesa ao ser transformada em mais carne, leite e ovos, usando-se a folha da mandioca como suplemento alimentar dos animais na forma de farinha, feno, raspa e silagem.

A versatilidade da mandioca se revela também por meio do amido contido nas raízes, que pode substituir o amido de outras origens vegetais, se os preços relativos permitirem, com ampla aplicação na indústria de cosméticos, petrolífera, siderúrgica, papeleira, cervejeira, confeiteira. Ele é usado também no fabrico de colas, tintas, embutidos de carne, sorvetes, balas, dentifrícios, panificação, especialmente na substituição do trigo importado e, mais recentemente, na fabricação de embalagens biodegradáveis, ecologicamente corretas.

Agrega-se ainda outro valor de grande importância alimentar ao fato de a mandioca não conter glúten, tornando-se adequada aos portadores da doença celíaca. A intolerância ao glúten tem sido objeto de estudos de especialistas em nutrição funcional, como a nutricionista Gisela Savioli, que indica a mandioca como o carboidrato saudável mais indicado para a dieta alimentar humana. Segundo a autora, a tradição do consumo de alimentos com glúten é inconveniente à saúde, dado que essa proteína (presente no trigo, aveia, centeio, cevada e outros alimentos) é classificada como alergênica e de difícil digestão (Savioli, 2012).

Mas, para obstruir a saga alimentar da mandioca, estava reservada, no início da década de 1950, uma estratégia estranha aos nossos interesses. A entrada do trigo como alternativa alimentar, amparada pelos subsídios e com uma política determinada a tornar o referido grão um alimento de consumo nacional, fez com que a indústria emergente da mandioca fosse sufocada pelos interesses do capital estrangeiro. Mais tarde, numa política novamente equivocada, o país subsidiou o trigo por vinte anos, excluindo, mais uma vez, a mandioca e, em consequência, ampliando nossa dívida externa. Hoje, o país consome cerca de 8,5 milhões de toneladas de farinha de trigo, cerca de 80% importados, resultando num custo anual da ordem de US$ 1,8 bilhão (AliceWeb2, 2012). Estudos conduzidos pela Empresa Brasileira de Pesquisa Agropecuária (Embrapa/CTAA) sobre a aplicação de farinhas mistas na panificação com utilização de soja, milho, sorgo e farinha de raspas de mandioca apresentaram resultados satisfatórios. O uso da fécula da mandioca apresentou melhor resultado, podendo substituir em até 20% o trigo na fabricação do pão francês, em 30% em outros produtos da panificação e até em 40% nas massas de pizza, segundo estudos também realizados pela Fundação para o Desenvolvimento Científico e Tecnológico (Fundetec) de Cascavel, no Paraná (Motta *et al.*, 2003).

Conforme relatório interno da Embrapa Mandioca e Fruticultura (2002), em testes de validação de tecnologia com a substituição da farinha de trigo pela fécula de mandioca ao nível de 10% na fabricação do pão francês, a avaliação dos consumidores foi positiva. Foram realizadas degustações em dezenove estados da federação no ano de 2002, para um público de 5.730 consumidores. Unanimemente, os consumidores não apontaram diferença entre os produtos obtidos exclusivamente com o uso de farinha de trigo e aqueles contendo mistura de fécula de mandioca e farinha de trigo.

Inegavelmente, a mandioca constitui uma riqueza ainda pouco conhecida, e sua versatilidade no plano da alta gastronomia permeia *chefs* de cozinha e culinaristas do porte de Iracema Sampaio (*in memoriam*), Nelson Conceição, Braulino Oliveira, Teresa Corção, Alex Atala, Dona Lucinha, Margarida Nogueira, Neide Rigo, Beth Beltrão, Claude Troisgros, Beto Pimentel, Rafael Sessenta, Tereza Paim, Ofir Oliveira, Faustino Silva e Layr Marins, entre outros. Destacada no plano cultural, a mandioca passa pelo crivo de Gabriel Soares de Souza, Manuel da Nóbrega, José de Anchieta, Jean de Lerry, Debret, Rugendas, Câmara Cascudo, Couto de Magalhães, Pinto de Aguiar, Milton de Albuquerque, Antônio José da Conceição, Patativa do Assaré e se traduz nas músicas de Luiz Gonzaga, Djavan, Juraildes Cruz, Xangai, Raimundo Sodré, Eliezer Setton e em expressões populares na voz de cantadores, repentistas e cordelistas.

Torna-se, portanto, imprescindível o resgate de toda a riqueza cultural que se encerra na mandioca, para que seu reconhecimento possa alcançar regiões, estados e municípios brasileiros. Uma boa contribuição nesse processo pode ser o incentivo a novos hábitos de consumo divulgados pela mídia televisiva, que destaca a tapioca recheada e outros derivados. Como passo importante, dentro de um conjunto de ações pró-mandioca, sugere-se o "São João da Raiz do Brasil" com o apoio da Petrobras, em parceria com a Embrapa e o Serviço Brasileiro de Apoio às Micro e Pequenas Empresas (Sebrae), entre outras instituições. Sugere-se também considerar a história da alimentação do Brasil por meio da mandioca como tema do carnaval e evidenciar para o mundo, no consagrado desfile na Marquês de Sapucaí, no Rio de Janeiro, a importância histórica, social, econômica e cultural que compõe a saga da euforbiácea nativa do nosso território. Finalmente, os caminhos da mandioca poderão convergir para a Copa do Mundo de 2014. Concomitantemente ao grande evento esportivo, a realização de festivais gastronômicos nas doze sedes da Copa de 2014, com a participação de "ecochefs", será também um incentivo de importante valia. Estamos dando passos largos para internalizar o entendimento de que a raiz do Brasil é a principal identidade alimentar do nosso país. Se não é o símbolo do evento, deverá se tornar a principal presença no maior evento esportivo do futebol no país.

A mandioca, raiz do Brasil, ainda merecerá o reconhecimento de maior patrimônio alimentar do país, e seus benefícios se estenderão ao continente africano, emprestando à sua vasta população um justo equilíbrio social. A máxima de Luís da Câmara Cascudo estará sempre em evidência: "Universale brasiliensium alimentum, proclamara Marcgrave. Fraca, incompleta, irregular, defeituosa, subalterna, inferior, com tantos títulos no libelo acusatório, a mandioca, rainha do Brasil, continua inabalável no seu trono..." (Câmara Cascudo, 2004, p. 101).

REFERÊNCIAS BIBLIOGRÁFICAS

AGUIAR, P. *Mandioca: pão do Brasil*. Rio de Janeiro: Civilização Brasileira, 1982.

ALICEWEB2. *Importação 1997-2012*. [Trigo]. Disponível em: http://aliceweb2. mdic.gov.br. Acesso em 27-12-2012.

CÂMARA CASCUDO, L. *História da alimentação no Brasil*. São Paulo: Global, 2004.

CONCEIÇÃO, A. J. *A mandioca*. Cruz das Almas: UFBA/Embrapa/Brascan Nordeste,1979.

EMBRAPA MANDIOCA E FRUTICULTURA. *Ações de divulgação: fécula de mandioca*. Relatório de divulgação. Cruz das Almas, 2002.

FUKUDA, W. M. G. "Embrapa pesquisa mandioca para indústrias de amido". Em *Associação Brasileira dos Produtores de Amido de Mandioca*, 11, Paranavaí, jul.-set. de 2005. Disponível em: http://www.abam.com.br/revista/revista11/ pesquisa_mandioca.php. Acesso em: 27-12-2012.

MOTTA, J. S. *et al. Adição da fécula de mandioca no pão francês*. Cruz das Almas: Embrapa Mandioca e Fruticultura, 2003.

ORGANIZAÇÃO DAS NAÇÕES UNIDAS PARA A ALIMENTAÇÃO E A AGRICULTURA (FAO). *Faostat*. 2012. Disponível em http://faostat.fao.org/ site/567/DesktopDefault.aspx?PageID=567#ancor. Acesso em 1-10-2012.

SAVIOLI, G. *Tudo posso, mas nem tudo me convém*. São Paulo: Loyola, 2012.

SCHMIDT, C. B. *O pão da terra*. São Paulo: Prefeitura Municipal de São Paulo, 1959.

SOUZA, L. S. *Processamento e utilização da mandioca*. Brasília: Embrapa Tecnológica, 2005.

E, nutricionalmente, o que é que a farinha tem?

Lílian Lessa Andrade Lino e Ícaro Ribeiro Cazumbá

A mandioca é uma planta nativa da América; vários estudos apontam a mandioca como um produto originalmente brasileiro, tendo em vista que ela já se constituía no principal produto agrícola dos índios, antes dos colonizadores aqui chegarem. A farinha obtida da raiz da mandioca, representa, até os dias de hoje, principalmente nas regiões Norte e Nordeste do Brasil, um alimento cultural e, nutricionalmente, muito significativo (Cardoso *et al.*, 2001). Há diferenças regionais na sua produção, que resultam em farinhas com diferentes características, tais como granulometria maior ou menor e pontos de torrefação diversos, traduzindo a identidade de cada comunidade produtora e consumidora.

A farinha é o derivado da mandioca mais amplamente difundido no país, sendo consumida de diferentes maneiras em todas as regiões, voltada principalmente para a alimentação humana. Segundo a Agência Nacional de Vigilância Sanitária (Anvisa, 1978), farinha é o produto obtido pela moagem da parte comestível de vegetais, podendo sofrer previamente processos tecnológicos adequados; dessa forma, podemos afirmar que o produto obtido das raízes da mandioca pode ser chamado, legalmente, de farinha. É produzida industrialmente, sobretudo no sul do Brasil e, no norte e no nordeste, por pequenos, médios e grandes produtores rurais. Nas regiões Norte e Nordeste, observa-se desde o pequeno agricultor, que produz pouco além do seu consumo, até produtores que ascenderam socialmente com a farinha e gerenciam a produção com diversos trabalhadores.

A mandioca é um produto alimentício classificado no grupo de raízes e tubérculos, assim como a batata e o inhame. Raízes e tubérculos são as partes subterrâneas, que em determinadas plantas se mostram mais desenvolvidas, utilizadas como alimento. Nesse grupo, os produtos são designados simplesmente por seu nome comum, como "mandioca", "batata", "cenoura", etc. Apesar de sua origem comum com outros tubérculos, observa-se, às vezes, uma menor valorização da mandioca. A importância e o valor nutricional e identitário da farinha de mandioca, inclusive, têm sido temas de debates científicos e culturais.

A porção ideal estimada pelo Guia Alimentar (Ministério da Saúde, 2008) para a farinha de mandioca é de 40 g, o que equivale a aproximadamente 2,5 colheres de sopa. Essa porção é definida por legislação específica com base na relação de calorias por porção, sendo que uma porção fornece 150 kcal; a farinha de mandioca é considerada uma boa fonte de energia. Além do seu valor energético, importa considerarmos a versatilidade dessa farinha, pois, além do seu consumo diretamente sobre os alimentos, diversas preparações a incorporam, podendo ser considerada acompanhamento do prato principal, como no caso da farofa e do pirão, ou acessória, como no empanamento para fritura ou no aumento da consistência de caldos.

De acordo com a Tabela Brasileira de Composição de Alimentos (Nepa/Unicamp, 2011), chamada de Taco, a farinha de mandioca torrada apresenta 8,3% de umidade para cada porção de 100 g, ou seja, é considerada um alimento com baixo teor de umidade, fator esse que pode ser considerado positivo, pois é uma das características que aumenta bastante a sua vida de prateleira. No entanto, se exposta à presença de umidade, sua capacidade higroscópica, ou seja, a tendência a absorver a umidade do ambiente, é alta e poderá haver perda de qualidade sensorial, especialmente no que se refere à crocância, e a possibilidade de crescimento de microrganismos.

A Taco (Nepa/Unicamp, 2011) descreve ainda que, em cada 100 g de farinha de mandioca, temos em torno de 365 kcal. Essas calorias são distribuídas entre os seus nutrientes, sendo: 89,2 g de carboidrato (seu principal nutriente); 1,2 g de proteína; 0,3 g de gordura e 6,5 g de fibra alimentar; ela ainda possui alguns minerais como potássio, cálcio, fósforo, sódio e ferro, podendo haver variação desses valores segundo o tipo de processamento utilizado para a fabricação do produto final.

Levando-se em consideração o caráter energético que a farinha de mandioca possui, ela é classificada no grupo dos alimentos energéticos. Os alimentos pertencentes a esse grupo são considerados como um combustível para o organismo e, quantitativamente, são os mais necessários à manutenção do nosso corpo em movimento. Quando metabolizados, transformam-se em água e gás carbônico, liberando energia química, que, por sua vez, é transformada em energia mecânica e calor. Para manter a temperatura corporal e o funcionamento dos órgãos, o organismo consome energia, mesmo que esteja em jejum ou repouso (Philippi *et al.*, 1999). Outros nutrientes como proteínas e gorduras (lipídios) também fornecem energia, porém a principal fonte de energia para os seres humanos são os carboidratos. Os carboidratos são metabolizados no fígado para serem armazenados no nosso tecido adiposo. Se consumidos além da capacidade de reserva do fígado e dos músculos, na forma de glicogênio, esse excesso de consumo pode contribuir para o aumento de gordura corporal.

Em algumas regiões, como a Norte, a farinha de mandioca possui uma importância diferenciada, pois é uma das principais fontes para o aporte de energia e de ferro ingeridos pelas populações rurais e urbanas de baixa renda, representando cerca de 20% a 50% de energia e 30% a 40% de ferro (porém este é considerado de baixa biodisponibilidade) do total diário. Ela é consumida sob a forma de beijus, mingaus e farofas (Dias & Leonel, 2006).

Além de ser, principalmente, fonte de carboidrato, muitos estudos vêm relacionando a mandioca e sua farinha como fontes importantes de carotenos, precursores da vitamina A (Marinho & Arkcoll, 1981; Marinho *et al.*,

1996). Tal correlação foi uma descoberta importante, facilitando e agilizando o processo de identificação e seleção de variedades com maior potencial de carotenos nas raízes, que possui relação com a cor apresentada por elas. Assim, diversos estudos vêm trabalhando para o melhoramento genético da planta, visando à produção de cultivares com maiores teores de vitamina A, em prol da minimização da hipovitaminose A, grave problema de saúde pública no Brasil (Carvalho *et al.*, 2005; Mazette, 2007).

É possível inferir, ainda, que as características nutricionais de cada farinha de mandioca mudam de acordo com seu processamento. Estudos realizados por Dias & Leonel (2006), Chisté *et al.* (2006; 2007) avaliaram diferentes tipos de farinhas em diferentes estados e observaram que praticamente todas as amostras apresentam diferenças em suas características, mesmo quando processadas em uma mesma propriedade; valores de umidade, acidez e cinzas foram os que se mostraram mais heterogêneos entre as farinhas.

A farinha de mandioca tem uso essencialmente alimentar e, além dos diversos tipos regionais, que não modificam as características originais do produto, encontram-se duas formas: a farinha não temperada, que se destina à alimentação básica e é consumida principalmente nas classes de baixa renda da população, e a farinha temperada (farofa), de mercado mais restrito, mas de maior valor agregado. Atualmente, são produzidos diferentes tipos de farinha de mandioca, sendo os principais: farinha-d'água (fermentada), farinha seca (ralada) e farinha mista. Esta última é o resultado da mistura das duas primeiras, ou seja, da massa ralada com a fermentada. Cada um desses tipos é apresentado nas formas fina e grossa e classificado conforme a cor: branca, amarela ou intermediária (Alves & Vedovoto, 2003). Na Bahia, observamos a comercialização de farinhas de mandioca comuns e de copioba, variando também o tamanho dos grânulos e sua tonalidade, características associadas a preços diferenciados. Um exemplo dessa variação se dá entre os tipos conhecidos como farinha de copioba e farinha comum. A farinha de copioba é considerada uma farinha bem

E, NUTRICIONALMENTE, O QUE É QUE A FARINHA TEM?

torrada, com grânulos bem pequenos e homogêneos, diferindo da farinha comum, que até possui a característica de ser bem torrada, mas cujos grânulos não possuem homogeneidade.

Entre os anos de 2002 e 2003, o consumo médio de farinha de mandioca no Brasil era de aproximadamente 8 kg, determinado com base na aquisição domiciliar *per capita* anual por grandes regiões. Regionalmente, esse consumo era de 34,2 kg para a região Norte; 15,7 kg para a Nordeste; 1,5 kg para a Sudeste; 1,1 kg para a Sul e 1,4 kg para a Centro-Oeste, mostrando, assim, que o consumo das regiões Norte e Nordeste somado corresponde a 92% do consumo nacional (IBGE, 2010).

Segundo a Pesquisa de Orçamentos Familiares 2008-2009 (IBGE, 2011), a aquisição alimentar domiciliar *per capita* anual de farinha de mandioca é igual a 23,54 kg na região Norte; 9,67 kg na região Nordeste; 1,17 kg na Sudeste; 1,29 kg na Centro-Oeste e 0,81 kg na Sul. Citando as principais regiões consumidoras, observa-se que, na região Norte, esse produto é consumido preferencialmente sob a forma de beiju, mingau e farofa. Já no Nordeste, o consumo geralmente é feito na forma de pirão ou com o feijão, a carne-seca, o café e a rapadura, além de fazer parte de pratos típicos da região, como a farofa (Cereda *et al.*, 2003).

O consumo médio de farinha é de aproximadamente 18 kg/habitante/ ano (60 kg equivalentes à raiz). Atualmente, cerca de 85% da produção de mandioca é destinada à fabricação de farinha e amido e o restante vai para consumo, principalmente humano, *in natura* (raízes frescas) e indústrias de congelados (Furlaneto *et al.*, 2006). O estado da Bahia é o maior consumidor de mandioca no Brasil, consumindo mais de 24% da produção de farinha de mandioca do país e o quarto estado brasileiro em consumo *per capita* desse produto, com 25,449 kg/habitante/ano (IBGE, 2010), sendo seu consumo, portanto, maior que a média da região Nordeste. Na Bahia, desde a infância, as crianças são acostumadas a comer uma iguaria produzida com a farinha de mandioca, que é a mistura do café com farinha e açúcar, alimento que, em comunidades mais pobres, é considerado a refeição principal de muitas famílias. Esse valor pode ser mais bem observado no trabalho desenvolvido com a entrevista de Antonio Andrade, no artigo "A farinha de mandioca, indispensável para quem viveu na roça: a experiência de Antonio", neste livro.

De acordo com a Pesquisa de Orçamentos Familiares 2008-2009 (IBGE, 2011), em relação ao valor energético, a mandioca pertence ao grupo de alimentos que registraram diminuição relativa de mais de 5% em sua participação no total de calorias, representando 19% de déficit no período de 2002-2003 a 2008-2009, grupo esse que engloba o arroz (6%), os feijões (18%), a farinha de trigo (25%), o leite (10%) e o açúcar (8%). A variação nos alimentos com participação decrescente no total de calorias foi relativamente homogênea nos vários estratos de renda, excetuada a situação da farinha de mandioca, cujo declínio se concentrou nos dois primeiros quintos da renda (IBGE, 2010).

Pelo exposto, percebe-se a importância da farinha de mandioca nas diversas zonas geográficas e camadas sociais brasileiras. No Brasil, a farinha de mandioca é acompanhamento de refeições e componente principal em diversos pratos e em diversas mesas. É inegável o seu valor para as famílias, comunidades e cidades. Considerando-se seu caráter energético, a farinha de mandioca sustenta populações mais carentes e enriquece de sabor, tradição e cultura todos os que têm oportunidade de apreciá-la.

REFERÊNCIAS BIBLIOGRÁFICAS

AGÊNCIA NACIONAL DE VIGILÂNCIA SANITÁRIA. "Resolução – CNNPA nº 12, de 1978". Em *Diário Oficial [da] República Federativa do Brasil*, Brasília, 24-7-1978.

ALVES, E. R. A. A. & VEDOVOTO, G. L. *A indústria do amido de mandioca*. Brasília: Embrapa Informação Tecnológica (Documento 6), 2003.

CARDOSO, E. M. R. *et al.* "Processamento e comercialização de produtos derivados de mandioca no nordeste paraense". Em *EMBRAPA Amazônia Oriental*, 102, Belém, junho de 2001.

CARVALHO, P. R. N. *et al.* "Cor e carotenoides provitamínicos em raízes de diferentes clones de mandioca (*Manihot esculenta Crantz*)". Em *Anais do XI Congresso Brasileiro de Mandioca*, Campo Grande, 2005.

CEREDA, M. P.; VILPOUX, O. F.; TAKAHASHI, M. "Balança hidrostática como forma de avaliação do teor de massa seca e amido". Em CEREDA, M. P. & VILPOUX, O. F. (orgs.). *Tecnologias, usos e potencialidades de tuberosas amiláceas latino-americanas.* Vol. 3. São Paulo: Fundação Cargill, 2003.

CHISTÉ, R. C. *et al.* "Qualidade da farinha de mandioca do grupo seca". Em *Ciência e Tecnologia de Alimentos*, 26 (4), Campinas, out.-dez. de 2006.

_____. "Estudo das propriedades físico-químicas e microbiológicas no processamento da farinha de mandioca do grupo d'água". Em *Ciência e Tecnologia de Alimentos*, 27 (2), Campinas, abr.-jun. de 2007.

DIAS, L. T. & LEONEL, M. "Caracterização físico-química de farinhas de mandioca de diferentes localidades do Brasil". Em *Ciência e Agrotecnologia*, 30 (4), Lavras, 2006.

FURLANETO, F. P. B. *et al.* "O agronegócio da mandioca na região paulista do médio Paranapanema". Em *Análises e Indicadores do Agronegócio* 1 (4), abril de 2006. Disponível em http://www.iea.sp.gov.br/out/verTexto. php?codTexto=5280. Acesso em 2-12-2012.

IBGE. *Pesquisa de Orçamentos Familiares 2008-2009: análise da disponibilidade domiciliar de alimentos e do estado nutricional no Brasil.* Rio de Janeiro: IBGE, 2010.

_____. *Pesquisa de Orçamentos Familiares 2008-2009: análise do consumo alimentar pessoal no Brasil.* Rio de Janeiro: IBGE, 2011.

MARINHO, H. A. & ARKCOLL, D. B. "Estudo sobre o caroteno e algumas variedades amazônicas de mandioca (*Manihot esculenta Crantz*)". Em *Acta Amazônica*, 11 (1), Manaus, 1981.

MARINHO, H. A. *et al.* "Estudos sobre carotenoides com atividades de provitamina A em cultivares de mandioca (*Manihot esculenta Crantz*) em ecossistemas de terra firme de Manaus, AM – Brasil". Em *Acta Amazônica*, 26 (3), Manaus, 1996.

MAZETTE, T. F. *Seleção de variedades de mandioca de mesa (Manihot esculenta Crantz) com altos teores de carotenoides e vitamina A.* Dissertação de mestrado. Campinas: Agricultura Tropical e Subtropical – Instituto Agronômico de Campinas, 2007.

MINISTÉRIO DA SAÚDE. *Guia alimentar para a população brasileira.* Brasília: Ministério da Saúde, 2008.

NÚCLEO DE ESTUDOS E PESQUISAS EM ALIMENTAÇÃO. *Tabela Brasileira de Composição de Alimentos – TACO*. 4ª ed. Campinas: Nepa/Unicamp, 2011. Disponível em http://www.unicamp.br/nepa/taco/home.php?ativo=home. Acesso em 2-12-2012.

PHILIPPI, S. T. *et al*. "Pirâmide alimentar adaptada: guia para escolha dos alimentos". Em *Revista de Nutrição*, 12 (1), 1999.

Da mandioca ao pirão, uma aventura de sabores

Asdrubal Vieira Senra

MANDIOCA: A RAINHA

Este grande país, país continente, que é o Brasil, esconde ou, antes, guarda nas entranhas de sua terra um elemento em si mesmo versátil, único e saboroso: a mandioca.

Mandioca, macaxeira, aipim – tantos nomes para uma única senhora, senhora dos sabores, da memória gustativa, linha mestra da história da comida no Brasil. Presente de norte a sul, de leste a oeste, única na memória do povo, presente nas festas, presente no dia a dia. Seja ela mesma, ou disfarçada em um de seus produtos, não custa dizer: ela é a rainha do Brasil. Ela que se esconde na terra, qual tímida cabocla, frequenta casa de rico e casa de pobre, sem distinção entre seus admiradores.

Mandioca, palavra indígena cujo significado é, na sua origem, "casa de Mani" (Mani'oca). Esse nome decorre da lenda que explica sua origem mítica. Entre as diversas etnias indígenas que habitavam o Brasil, surgiram lendas que explicam e constroem o simbolismo da mandioca enquanto alimento, continuidade de ligações afetivas e de pertencimento à comunidade (assunto que abordaremos ainda neste texto). Entre as lendas, cito aquela transmitida mais amiúde, ou pelo menos a que mais escuto em viagens:

FARINHA DE MANDIOCA

"Conta-se que a filha de um grande tuxaua (chefe da tribo), um dia, apareceu grávida. Seu enfurecido pai insistia em saber quem a tinha desonrado, mas ela insistia na sua inocência, apesar das ameaças de castigo, pois engravidara sem contato humano. Após serenados os ânimos, foi permitido que o bebê nascesse. Era uma linda menina, como nenhuma outra jamais fora vista. Doce, meiga, quieta. Uma verdadeira filha de Tupã! E foi chamada de Mani. Logo, todos se apaixonaram pela criança, cuidando dela e admirando-a.

Passados dois ou três anos, serenamente, tal qual vivera, a menina Mani fechou os olhos, morreu como se apenas dormisse. Em contraponto, toda a tribo se desesperou. Seria um castigo de Tupã? Ou seria inveja dos espíritos das matas?

Apesar da tristeza, à tribo restou enterrar Mani na sua oca (casa), como era costume. Algum tempo depois, perceberam que, no chão daquela oca abandonada, brotou um arbusto esguio sobre o lugar da sepultura de Mani.

O pajé da tribo, em resposta ao mistério, recebeu uma mensagem em sonho: Tupã ordenou arrancar o arbusto e ensinou como consumir suas raízes, revelando o presente de Mani para seu povo e confirmando sua presença eterna entre eles."

Curiosamente, cabe aqui o registro de que, entre as histórias contadas sobre a origem da mandioca, várias apresentam similaridades com a contada anteriormente. Existe ainda outra versão que identifica um ser chamado Sumé, que teria surgido e ensinado aos índios o uso da mandioca, por ele criada com pedaços de seu cajado. Câmara Cascudo (2004) a cita em sua *História da alimentação no Brasil*, livro dos mais conhecidos pelos estudiosos da arte brasileira do comer.

Nesse mesmo livro, ele referencia o título de "rainha do Brasil" para a mandioca, conforme lhe foi outorgado, pela sua versatilidade, variedades de subprodutos e importância capital no período de aclimatação e fixação das levas de portugueses que para cá se deslocaram durante o processo de ocupação colonial.

Vale ressaltar uma informação interessante: a mandioca tem sua ocorrência identificada em diversas regiões da América Latina, onde é chamada de "yuca", porém só em terras brasílicas suplantou, nas culturas ameríndias, o milho como base primeva e primária da alimentação. Nas outras, o milho assumiu o posto de protagonista alimentar. Somente entre nós a mandioca atingiu a plenitude ao ser explorada e desvendada, numa incrível sucessão de produtos, subprodutos, usos e consumos.

Ainda por outros nomes a mandioca é conhecida neste Brasil variegado. O Norte e o Nordeste chamam-na de macaxeira; em outras regiões, seu nome é aipim. As duas são palavras de origem indígena cujos significados são *ai-pi* (tirado do fundo) e *maka-xera* (farinha de pau).

Particularmente, prefiro-a macaxeira, palavra rica, daquelas que sentimos mastigar junto com a ideia que representa. Intensa, como as palavras que carregam sabor. O gosto do alimento fica mais intenso, a comida já fortalece mais. Não têm o mesmo sabor de macaxeira as outras palavras. A própria palavra macaxeira já alimenta – polêmicas à parte.

Mas não interessa como nós a chamamos, o importante é que ela permeia o Brasil de norte a sul, como se, por baixo da terra, ela tecesse redes contínuas ou descontínuas, entretanto sempre presentes, como convite à permanência, à sedução do seu sabor. Brejeira e sedutora, nas suas mais diversas roupagens finais, bolos, pamonhas, pudins, etc. A mandioca, depois de arrancada do solo onde se formou, não resiste a longo tempo de estocagem, mas, quando trabalhada e manufaturada, dura meses e meses. A cultura alimentar brasileira não começou quando o Brasil foi descoberto, mas antes, e a mandioca foi e é a grande senhora, a rainha do Brasil.

Seja ela cozida, assada ou frita. Seja em farinha, polvilho ou carimã, ela se presta a mil usos, mil delícias na mesa brasileira. Ainda hoje, muitos preferem comê-la cozida em lugar do pão, eternizando o costume de séculos atrás, quando era a companheira fiel do café da manhã, do desjejum, como tão bem registrado pelos diversos viajantes e cronistas ao longo da nossa historiografia.

Farinha de mandioca

Quando se fala em produtos da mandioca, lembramo-nos imediatamente do polvilho e da farinha, os mais comuns. Contudo, outros produtos são também extraídos dessa raiz, como podemos ver na figura 1. Vamos a eles: a mandioca moída ou ralada é prensada; do líquido resultante, obtém-se a manicuera (*Kuera* = ruim). Nossos índios realizavam essa prensagem no tipiti (*tepi* = espremer; *ti* = líquido), uma peça trançada e longa, em que se depositava a mandioca já ralada e depois se puxava, espremendo-se esta, até que a massa ficasse mais seca. Desse caldo (manicuera) posto em repouso, obtém-se o polvilho, amido que se deposita no fundo, após a decantação. Quando o polvilho é lavado e seco, antes de fermentar, chama-se doce; depois de fermentado, chama-se azedo. No Norte e no Nordeste brasileiros, o polvilho também é conhecido por goma. Após o processo de repouso e retirada da goma, o caldo é levado a fermentar. Com a fermentação do caldo, obtêm-se dois outros produtos: a tiquira (*tykýra* = líquido que pinga), bebida alcoólica destilada muito comum em parte dos mesmos Norte e Nordeste, apesar de desconhecida no restante do país, mais afeito à aguardente de cana. A manicuera ainda se presta ao preparo do tucupi, tão presente nas mesas amazônicas. Tucupi (*tikupíra* = tirado do líquido), base de comidas que, para o restante do Brasil, soam como exóticas e estranhas e que só recentemente foram divulgadas fora de suas fronteiras culturais. Para o tucupi, a manicuera (também chamada manipuera), depois de fermentada, é fervida por vários dias com ervas e temperos e, só então, comercializada nos mercados.

Das folhas tratadas, fervidas e moídas da mandioca surge a maniva, consumida apenas no Pará e na Bahia, com a qual se prepara a maniçoba, cozido de carnes defumadas e linguiças, espécie de feijoada em que os feijões inexistem, porque foram trocados pela maniva. Preparação culinária elaborada, requer dias para o preparo.

Finalmente, chegamos à massa da mandioca. Esta é obtida de duas maneiras. A primeira delas é pelo processo de puba (palavra que significa podre, fermentada), que consiste em deixar a mandioca, por vários dias, em

Da mandioca ao pirão, uma aventura de sabores

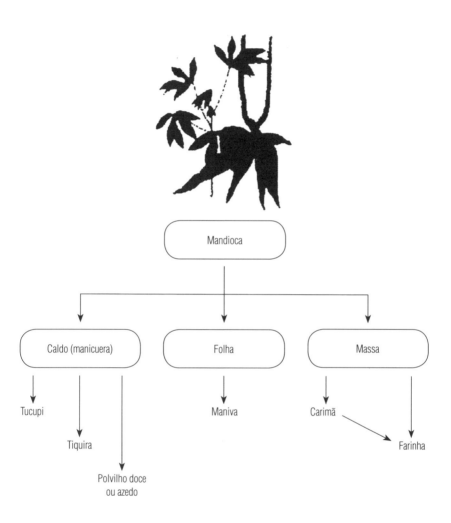

FIGURA 1. O MAPA DA MINA DA MANDIOCA.

água, até que ela "afofe", ou seja, estufe, quando, então, a casca se desprende facilmente. Essa massa é conhecida como massa puba ou carimã (*cari-mã* = massa branca). A carimã não produz polvilho, mas se presta a diversos usos na cozinha nordestina e também na produção de farinha, muitas vezes com a denominação de farinha-d'água, sendo mais usual nas regiões Norte e Nordeste e desconhecida nas demais.

Já a massa fresca da mandioca apresenta diversas utilidades na cozinha brasileira, aparecendo em inúmeras preparações culinárias, além, é claro, do seu mais intenso uso, a preparação de farinha. A fabricação da farinha segue até hoje as técnicas de manejo indígena.

A massa, ou carimã, é espremida e passada em peneira e, depois, levada a secar ao calor do fogo, resultando em farinhas mais ou menos torradas, comercializadas pelos nomes de farinha crua ou farinha seca/torrada.

O polvilho é largamente utilizado para diversos preparos, mas também alguns subprodutos ajudam a popularizá-lo e, por sua vez, permitem a elaboração de inúmeras iguarias, como podemos ver na figura 2.

O polvilho, obtido da decantação da manicuera, quando levado ao calor ainda úmido e granulado, resulta em farinha de tapioca. Ao ser preparada, a farinha de tapioca lembra a pipoca, pois dá "pulinhos" conforme passa ao cozimento. Isso resulta em uma farinha em bolinhas, macia e crocante, muito apreciada na Amazônia, para acompanhar o açaí ou simplesmente ser mastigada aos bocados. A farinha de tapioca, no Nordeste, é aquela do tipo quebradinha, mais dura, mesmo assim, tão saborosa como sua irmã amazônica e se presta ao preparo de pudins, cuscuz, picolés e sorvetes, além de incontáveis outros usos.

Além da farinha de tapioca, a inventividade e a adaptabilidade lusas permitiram que o polvilho, quando trabalhado de forma similar, resultasse em um substituto do sagu. O sagu original é seiva de palmeira de idêntico nome, nativa do extremo oriente, que, após secar, resulta em "pequenas pérolas" de amido, lá muito apreciadas e descobertas pelos ibéricos durante sua jornada de navegações nos séculos XV e XVI. Hoje, o sagu de polvilho

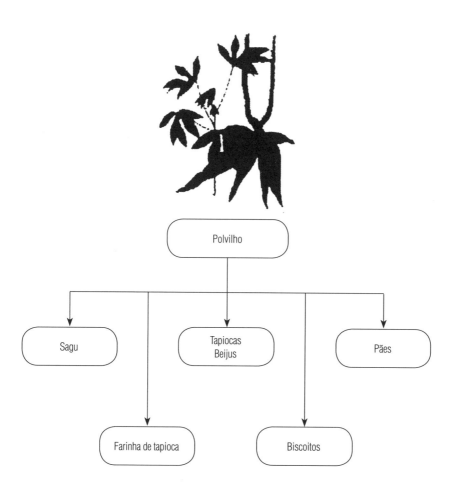

FIGURA 2. O MAPA DA MINA DO POLVILHO.

é fabricado e consumido por todo o Brasil, porém mais intensamente nas regiões Sul e Sudeste, onde o sagu cozido em vinho se tornou um clássico das mesas descendentes das colônias italianas e alemãs. Seu aroma durante o cozimento inebria os sentidos, comprovando que, em humildes ingredientes, também se escondem riquezas.

Durante o processo de formação histórica da culinária brasileira, o polvilho também passou a ingrediente de pães, a ponto de um deles se transformar em sinônimo de Minas Gerais. O pão de queijo tão caro aos mineiros e goianos, atualmente, é encontrado em todo o Brasil. Também se encontram receitas de broas e outros pães de milho ou trigo, que o agregam, casando sabores e texturas.

Dos pães, pulemos aos biscoitos, segredos das sinhás nos tempos coloniais, receitas ciosamente escondidas, passadas de mães para filhas, por sorte, hoje, democraticamente compartilhadas. Quem não carrega nas suas lembranças o sabor de um sequilho, uma rosquinha, um biscoitinho qualquer, com polvilho na receita, combinado com especiarias ou leite de coco?

Finalmente, chego ao casamento perfeito do polvilho: calor, água e nada mais. Polvilho molhado, frigideira quente, paciência e carinho. A tapioca surge como prova inconteste de nossas primeiras cozinheiras. Herança perpétua dos sabores indígenas. Tapioca para alguns, beiju para outros. Doce ou salgado, úmido ou seco, o beiju vem, há séculos, enriquecendo nossas mesas. Nas versões modernas, recebe recheios dos mais diversos. Constata-se que seu consumo é mais presente no Norte e no Nordeste, apesar de sua ocorrência e registro no Centro-Oeste e no estado do Espírito Santo. No Sudeste e no Sul, só mais recentemente começou a se popularizar. O que se conhece como beiju no Sul, especialmente no litoral catarinense, são "discos" de farinha de mandioca umedecidos temperados com açúcar e canela e levados a secar em forno até ficarem quebradiços.

Nos lares, nos bares, nos restaurantes e na memória. A farinha de mandioca, inequivocamente, está presente em nossa vida. Democraticamente, aparece na casa do pobre e do rico. Às vezes, travestida em farofa, outras,

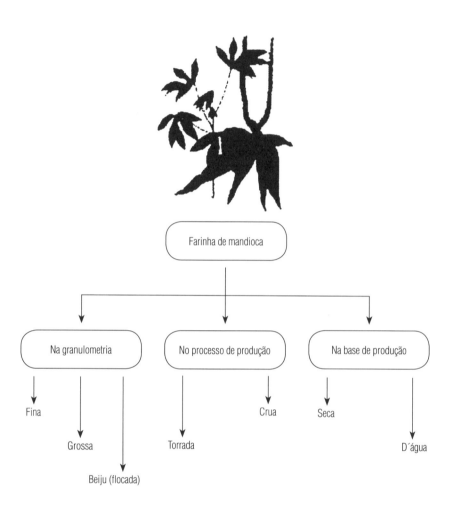

FIGURA 3. O MAPA DA MINA DA FARINHA.

FARINHA DE MANDIOCA

em pirão, disfarçada em bolinhos, escondida em tutus. A farinha reina do Oiapoque ao Chuí.

Por vezes, vamos encontrá-la fina como trigo ou extremamente grossa. Sentimos saudade da farinha de nossa terra quando estamos longe, afinal a melhor delas, a mais saborosa, é aquela que comemos com nossas primeiras papas, nosso primeiro feijão. A que fez parte da nossa infância.

Envergonhada na farinheira a um canto da mesa, orgulhosa nas travessas de farofas, boêmia acompanhando os tira-gostos. Singela no chibé, exótica na mojica. Companheira inseparável do comer. Essa é a farinha de mandioca.

Sua técnica de produção, ainda hoje, segue os ritos indígenas que os portugueses aprenderam, mais de quinhentos anos de tradição, renovada apenas pelo acréscimo de facilidades como raladores de metal, eletricidade para girar as máquinas e outras pequenas inovações.

Como podemos ver na figura 3, no início do preparo da farinha, ocorre a primeira diferenciação. Se a mandioca é ralada e espremida e depois levada a secar ao calor do fogo, a farinha é seca. Se a mandioca é deixada de molho em água até a casca se desprender facilmente e ficar estufada, a farinha daí resultante é chamada farinha-d'água.

Durante a torra, dependendo do tempo em que se mexe a massa enquanto seca, já a diferenciamos novamente. A farinha crua ganha esse nome porque o seu tempo de exposição ao calor é menor. Costuma ser mais clara, do quase branco ao branco mais intenso. Outrossim, ao continuarmos o processo por um período mais longo, obtém-se uma farinha mais levemente morena, crocante e seca, daí seu nome: farinha seca ou farinha torrada.

Já quanto aos grânulos, a farinha se distingue em fina, grossa ou flocada, também chamada de beiju, palavra afrancesada no seu som, brasileira no sentido. Ela fica em flocos, como pequenas escamas delicadas que se desmancham facilmente. A farinha fina, quando no sul, mais se parece com farinha de trigo, herança dos primeiros imigrantes que moíam a mandioca até quase pó na esperança de um substituto para sua farinha de trigo

DA MANDIOCA AO PIRÃO, UMA AVENTURA DE SABORES

europeia. Tentativas que foram frustradas, mas a farinha caiu no gosto e assim permanece. Cabe-nos observar que a farinha chamada de fina no restante do país, lá, é grossa. Mas farinha grossa mesmo são algumas nordestinas e as nortistas. Provocam espanto aos desavisados, pequenas pelotas que parecem pedriscos. Deleite para os iniciados, amolecendo ao contato com os caldos e o tucupi. Crocantes ao serem comidas em farofas ou puras. Tradicionalmente, na Amazônia, conserva-se a farinha produzida em paneiros – cestos trançados com uma trama larga e revestidos de folhas, que ajudam a conservar o frescor da farinha por vários meses.

FARINHA: UMA IDENTIDADE CULTURAL BRASILEIRA

No âmbito de estudo da cultura, pode-se observar que o ato de comer é fruto não só de condições geográficas mas, também, das relações sociais da comunidade e de sua comunicação entre as diversas maneiras de interpretar sua ideologia. O homem é produto do seu meio e das suas relações com o ideário do seu grupo de convivência. A alimentação também é fruto dessas relações; a forma do alimentar-se, suas regras, preceitos, suas rejeições e predileções, mais que apenas resultado de condições climáticas e geográficas, revestem-se com sua história e crenças.

Assim, o comer, além do simples ato de subsistência, também representa símbolos, ações e atitudes que o tornam marcas de referência cultural do indivíduo. Sob essa ótica se identifica, enquanto valor cultural e marcador identitário, a farinha de mandioca. Sua ocorrência permeia o Brasil em todas as suas regiões e serve de referência a uma determinada comunidade, seja por sua característica ao final da produção (mais grossa, mais fina, torrada, crua, fermentada ou não), seja por seus usos na alimentação diária ou festiva. Mas, sempre presente, ajuda a firmar e afirmar valores culturais, haja vista a identificação dos baianos com sua farinha de copioba, dos amazonenses com sua farinha do uarini, dos paraenses com sua farinha-d'água, dos catarinenses com sua farinha fina, e daí em diante. Por conseguinte, identificamos, na historiografia nacional e nos relatos de viajantes (principalmente do século XIX), referências sobre a farinha de mandioca e sua importância na linha do tempo alimentar brasileira para melhor compreender a relação existente entre o ser e esse alimento do qual faz uso, além de seu desdobramento nas conexões com a comunidade.

Quando se sabe que a sociedade é composta por pessoas e que essas pessoas, por meio de suas experiências, codificam culturas, estabelecendo e desenvolvendo ideologias – as quais resultam e transmutam em racionalidade criativa –, conclui-se: o alimento ocupa, sim, uma posição bem mais complexa do que muitos supõem na sua relação com o ser ou com a comunidade, uma vez que interage e interfere no fisiológico, no cultural e no ambiental, ou, ainda, está presente em toda a relação do ser, tanto objetiva quanto subjetiva.

Aqui, fazemos referência ao caso específico da farinha, produto resultante da moagem, prensagem e torração da mandioca (*Manihot esculenta Crantz*), cuja produção se espalha pela vastidão de nossos Brasis (sim, pois somos multifacetados culturalmente). O consumo da farinha de mandioca expressa valores dos mais diferentes matizes. No Sul, por exemplo, esses valores podem ser expressos pela alimentação campeira, das tropas, luso-açoriana e até mesmo nas cozinhas de imigração alemã e italiana, a um momento atuando como fator excludente e de afirmação comunitária e, a seguir, como agente agregador cultural. Nos outros *Brasis*, tais premissas também são válidas, cada uma com seu princípio norteador, podendo ser justificadas e expressas sob o cunho religioso, o ideológico ou a manutenção de identidade cultural ou regional.

A BAHIA E SEUS USOS DA MANDIOCA

Na Bahia, conforme registros, a cultura da mandioca em larga escala data dos idos de 1700, quando se tornaram expressivas as plantações de mandioca na região do Recôncavo Baiano. O foco não era apenas a alimentação do grande número de escravos e livres na região. Esse incremento na produção de mandioca atendia a uma necessidade cada vez mais intensa e primordial: alimentação de navegantes, de tripulações dos navios que aportavam na Bahia, escala nas viagens entre África e possessões orientais e Portugal. Nesse mesmo período, a farinha era usada, inclusive, como parte do lastro de navios negreiros, que, no seu retorno, introduziam o costume da farinha de mandioca na alimentação de diversos povos da costa africana, de tal maneira que, hoje, a Nigéria é grande produtor de farinha de mandioca.

Além da farinha de mandioca, os usos dessa raiz tão brasileira permeiam a mesa baiana em deliciosas receitas, além de também permearem os terreiros de candomblé, em um processo de sacralização constatado e efetivado na sincretização do comer, na adaptação dos africanos à terra, na assimilação de sabores. Um exemplo é a farofa de dendê. Um outro viés se funde na alimentação dos interiores baianos, herança indígena e bandeirante, dos tempos em que os paulistas, nas suas constantes andanças e desbravamento dos sertões em busca do ouro, introduziam outra riqueza: comidas nascidas da necessidade de manejo fácil, tais como as farofas, paçocas, feijões com farinha – comidas secas para facilitar a conservação, o fazer e o carregar.

Além desse fator, as heranças indígenas, permanecendo vivas, mesclaram-se nessa Bahia de tantos matizes – amálgama de culturas e suas comidas –, transformando-se em um cardápio rico e variado, vivo nas gerações, representativo afetivamente e que ajuda a compor o painel cultural da alimentação. Muitas das preparações culinárias são comuns a outras *plagas*, entretanto, aqui na Bahia de todos os santos e orixás, elas estão na mesa e no coração. Aparecem nos salgados e doces, nas refeições e na ceia.

Só para citarmos algumas, referenciamos, e reverenciamos, o bolo de carimã, o bolo de aipim, o bolo de tapioca, o cuscuz, o mingau (também de carimã), o biscoito avoador, o ximango, as paçocas, os pirões, a jacuba, as farofas. Até mesmo o vatapá, feito em alguns interiores com a farinha de mandioca em lugar do tradicional pão, e o bobó de camarão. Apenas alguns, entre inúmeros pratos derivados de mandioca ou de seus produtos,

FARINHA DE MANDIOCA

sem nos esquecermos da maniçoba, feita com suas folhas, nem da mandioca cozida e comida com cafés, besuntada em manteiga, verdadeiro pão do Brasil.

Na Bahia também são encontrados os beijus de folha, finas tapiocas similares a biscoito, quebradiças, delicadas a convidar para um café. E o mingau de Santo Antônio, por onde anda? Remédio, mais do que alimento. Tão simples, é feito com água, alho, manteiga, pimenta-do-reino, sal e farinha. Deve ser tomado quente. Restaura as forças dos doentes, nutre os convalescentes. Aquece a alma dos desenxabidos. Remédio com nome de santo, generoso na sua simplicidade. Também se encontra quem o chame de mingau de cachorro. É feito na Bahia, no Amazonas e em Pernambuco – nesse estado, conhecido como mingau de Padre Cícero. Em matéria de mingau, diga-se de passagem, dois são famosos. Dá para comer todo dia sem cansar o paladar. Mingau de carimã, hoje, de tapioca, amanhã. Com coco, leite de coco ou só canela.

Já o ximango é primo do pão de queijo, assado como ele, e com técnica de preparação similar. No escaldar da goma, no incorporar dos ovos, no adicionar do queijo, apesar de afirmar sua baianidade no formato de bastões recurvos. Depois de assados, com certeza, não demoram muito a sumir nos meandros do gosto de quem os come. Tal qual a peta, que dispensa o queijo por se saber saborosa – nem pão nem biscoito. Riquezas que só a Bahia tem.

PEQUENO TESOURO DE DELÍCIAS

Nas caminhadas pelo Brasil, deparamo-nos, a cada momento, com verdadeiras joias gastronômicas, algumas tendo como base a mandioca. Essas joias merecem brilhar, e aqui estão algumas que fazem parte do meu tesouro pessoal:

Açorda de mariscos
RECEITA DO LITORAL SUL DO BRASIL

1 a 2 xícaras (chá) de farinha de mandioca
1 cebola picada
2 dentes de alho socados
Azeite de oliva
300 g de marisco sem casca
1 xícara (chá) de cebolinha picada
Pimenta-do-reino, cominho e sal
1 colher (sopa) de vinagre
2 ℓ de água

Refogar o alho e a cebola no azeite. Acrescentar o marisco, o vinagre, a cebolinha e os temperos a gosto. Adicionar a água e deixar ferver. Incorporar a farinha aos poucos até a textura de creme.

Pode ser feita também com camarão ou pescados. Esta açorda açoriana de Santa Catarina não leva pão; seu espessamento é feito com farinha, já que os imigrantes tiveram de se adaptar às coisas da terra.

FARINHA DE MANDIOCA

Biscoitinho de queijo
RECEITA DE MINAS GERAIS

160 g de açúcar
100 g de farinha de trigo
200 g de polvilho azedo
100 g de queijo minas ralado fino
120 g de manteiga
1 pitada de sal
1 colher (chá) de fermento em pó
2 gemas (mais 1, se necessário)

Misturar o açúcar, a farinha, o polvilho, o sal, fermento e o queijo. Acrescentar a manteiga e uma gema e fazer uma farofa com as pontas dos dedos. Amassar sem sovar (se a massa ficar seca e quebradiça, pode-se acrescentar mais uma gema). Enrolar pequenos biscoitos, pincelá-los com a outra gema e assar de 10 a 15 minutos.

Da mandioca ao pirão, uma aventura de sabores

Bolinhos de farinha
RECEITA FEITA NO AMAZONAS

1 xícara (chá) de farinha de mandioca
1 pitada de sal
Leite (o suficiente)
Açúcar e canela para passar os bolinhos depois de fritos

Misturar os ingredientes, colocando leite aos poucos até dar liga; mexer bem. Moldar os bolinhos, fritar e passar no açúcar e na canela.

FARINHA DE MANDIOCA

Bolo Souza Leão
RECEITA DE PERNAMBUCO

4 cocos
2 xícaras (chá) de água fervente
450 g açúcar
450 g de manteiga
1 colher (café) de sal
16 gemas
1 kg de massa de mandioca

Ralar os cocos e aquecê-los para tirar melhor o leite. Juntar a água fervente. Retirar o leite do coco espremendo-o em um pano e reservar. Levar ao fogo o açúcar para fazer uma calda em ponto de fio. Logo que retirá-la do fogo, adicionar a manteiga e o sal. Deixar esfriar. Juntar as gemas à massa de mandioca, uma a uma, e o leite do coco, aos poucos, amassando bem. Acrescentar a calda, mexer a massa e colocar em uma forma untada. Levar ao forno, em banho-maria, por, aproximadamente, uma hora.

Brevidades
RECEITA FEITA EM TODO O BRASIL

1 kg de polvilho doce
1 kg de açúcar refinado
12 ovos

Bater os ovos e o açúcar até o ponto de neve (em batedeira). Incorporar o polvilho peneirado. Colocar a massa em forminhas untadas. Assar em forno moderado.

Caribéu

RECEITA DO MATO GROSSO E DO MATO GROSSO DO SUL

1 kg de carne-seca
50 mℓ de óleo ou banha
1 cebola picada
2 dentes de alho socados
2 ½ copos de água quente (mais água o suficiente para terminar o cozimento)
500 g de mandioca
2 colheres (sopa) de extrato de tomate
1 pimentão verde picado
Pimenta-de-cheiro
Pimenta-do-reino
Cebolinha verde picada
Sal

Lavar bem a carne, cortar em cubinhos e escaldar duas ou três vezes. Aquecer o óleo, juntar a cebola e o alho e refogar por alguns minutos. Acrescentar a carne, refogar e adicionar a água quente, deixar cozinhar até a carne ficar macia. Adicionar a mandioca cortada em cubinhos, o extrato de tomate, o pimentão, as pimentas a gosto e bastante cebolinha picada; misturar. Adicionar água o necessário para quase cobrir os ingredientes e o sal a gosto, misturar e tampar. Cozinhar em fogo brando até que a mandioca fique macia e o caldo bem grosso.

DA MANDIOCA AO PIRÃO, UMA AVENTURA DE SABORES

Creme de tapioca
RECEITA DO AMAZONAS E DO PARÁ

300 g de farinha de tapioca nortista
300 mℓ de leite
300 mℓ de leite condensado
200 mℓ de creme de leite

Hidratar a tapioca com o leite. Adicionar os outros ingredientes. Levar o creme para gelar.

FARINHA DE MANDIOCA

Croquete de mandioca
RECEITA FEITA EM TODO O BRASIL

500 g de mandioca
1 gema
Sal
100 g de farinha de trigo
Óleo para fritar

Descascar a mandioca e cozinhar em água com o sal. Quando estiver cozida, escorra e passe na máquina de moer carne ou no amassador manual. Colocar a gema e acertar o sal. Misturar. Enrolar os croquetes. Passar ligeiramente na farinha de trigo. Fritar em óleo quente.

Tuxá

RECEITA DO MARANHÃO

50 g de gergelim
100 g de farinha de mandioca
1 cebola picada
2 dentes de alho socados
Cheiro-verde
Pimenta-de-cheiro
50 g de camarão seco
Sal
Água (o suficiente)
3 maços de vinagreira

Tostar o gergelim. Esfriar. Passar no processador com a farinha, a cebola, o alho, o cheiro-verde, a pimenta e o camarão. Fazer um pirão com a massa, adicionando água conforme necessário. Cozinhar a vinagreira e escorrer. Picar finamente ou bater em liquidificador. Adicionar ao pirão. Deixar cozinhar por alguns minutos para apurar o sabor. Adicionar sal a gosto.

FARINHA DE MANDIOCA

De à moda[1]
RECEITA DA BAHIA

3 xícaras (chá) de rapadura picada
3 colheres (sopa) de gengibre ralado
1 colher (sobremesa) de manteiga
1½ xícara (chá) de farinha de mandioca

Derreter a rapadura com o gengibre e a manteiga. Incorporar a farinha, mexendo. Derramar a mistura em uma assadeira untada. Deixar esfriar e cortar.

---

1   No artigo "A farinha de mandioca no prato brasileiro", receita semelhante é apresentada sob o nome amoda. (N. E.)

DA MANDIOCA AO PIRÃO, UMA AVENTURA DE SABORES

Farofa de quiabos
RECEITA DE GOIÁS

5 quiabos cortados em rodelas não muito finas
2 colheres (sopa) de manteiga
1 pedaço pequeno de linguiça bem picada
2 colheres (sopa) de cebola picada
150 g de farinha de mandioca
Sal e pimenta-do-reino

Levar o quiabo, a manteiga e a linguiça ao fogo. Mexer bem, até fritar. Acrescentar a cebola e refogar. Adicionar a farinha, o sal e a pimenta. Mexer a farofa para torrar levemente.

FARINHA DE MANDIOCA

Feijão tropeiro
RECEITA FEITA EM TODO O BRASIL

1 colher (sopa) de banha
50 g de toucinho defumado picado
1 linguiça defumada cortada em rodelas
1 cebola picada
1 dente de alho socado
2 ovos
Salsa e cebolinha picadas
Sal e pimenta-do-reino
500 g de feijão carioca cozido e escorrido
250 g de farinha de mandioca torrada

Fritar a linguiça e o toucinho na banha, em uma panela ou frigideira com borda alta. Retirar e escorrer. Na mesma panela, refogar a cebola e o alho. Voltar a linguiça e o toucinho para a panela e fritar os ovos, mexendo para ficarem partidos. Acrescentar a salsa e a cebolinha, temperar com sal e pimenta a gosto. Adicionar o feijão escorrido e a farinha. Mexer. Servir o feijão com couve refogada e torresmos, para acompanhar.

Mandioca com farofa

(ESTA RECEITA ME FOI TRANSMITIDA POR UMA DE MINHAS
ALUNAS DE ORIGEM ALEMÃ, EM SANTA CATARINA.)

1 xícara (chá) de farinha de mandioca fina
½ xícara (chá) de banha ou manteiga
Sal
500 g de mandioca cozida

Tostar a farinha com a banha e o sal. Quando começar a dourar e virar uma pasta,
derramar sobre a mandioca cozida e bem quente.

FARINHA DE MANDIOCA

Mingau pitinga
RECEITA DA REGIÃO NORDESTE

1 cebola
1 colher (sopa) de manteiga
1 prato fundo de macaxeira ralada
500 ml de leite

Refogar a cebola na manteiga. Adicionar o restante dos ingredientes. Cozinhar mexendo sempre para não grudar. Adicionar água conforme necessário, sempre aos poucos. Ótima guarnição para uma carne de sol, frango de panela ou carne de lata (também chamada mixira – carne que é cozida lentamente, coberta com gordura e assim conservada).

Da mandioca ao pirão, uma aventura de sabores

Mojica de pirarucu
RECEITA DO AMAZONAS

1 kg de pirarucu
Limão
100 ml de azeite de oliva
1 cebola picada
2 dentes de alho socados
1 tomate picado
Salsa e coentro picados a gosto
1 pimentão verde picado
Pimenta-de-cheiro, colorau, pimenta-do-reino e sal
1 l de água fervente
1 xícara (chá) de farinha de mandioca (ou o suficiente para engrossar a receita)

Dessalgar, aferventar e desfiar grosseiramente o pirarucu. Temperar com limão. Aquecer o azeite, refogar os temperos e adicionar o pirarucu. Cozinhar. Acrescentar a água fervente e a farinha de mandioca. Ferver, mexendo continuamente. Quando estiver na textura de uma sopa espessa, finalizar.

Obs.: a mojica também é preparada utilizando-se banana verde ralada ou mandioca cozida no seu espessamento. Mojica significa "coisa feita de modo consistente". O pirarucu aqui utilizado é o seco. Maior peixe da Amazônia, recebeu o apelido de bacalhau brasileiro. Pirarucu significa "peixe vermelho", por causa das bordas de suas escamas.

FARINHA DE MANDIOCA

Pamonha de carimã
RECEITA DA BAHIA

500 g de massa de mandioca
100 g de coco ralado
100 g de açúcar
200 ml de leite de coco
1 pitada de sal
Água (se necessário)
Folhas de bananeira

Misturar todos os ingredientes, acrescentando um pouco de água, se necessário, até a massa ficar úmida e mole. Enrolar a massa em pedaços de folha de bananeira cortados e passados em água fervente e fechar bem os pacotes. Cozinhar em água fervente.

DA MANDIOCA AO PIRÃO, UMA AVENTURA DE SABORES

Pé de moleque
RECEITA DAS REGIÕES NORTE E NORDESTE

500 g de mandioca
100 g de açúcar
Erva-doce
Cravo-da-índia em pó
Folhas de bananeira

Ralar a mandioca de véspera. Reservar. Acrescentar o açúcar e as especiarias. Trabalhar a massa com as mãos. Enrolar as porções nas folhas de bananeira no formato de retângulo. Levar ao forno por 30 minutos, virando para finalizar a cocção.

DE UM VELHO CADERNO DE RECEITAS

Há cerca de dez ou doze anos, chegou-me às mãos um velho caderno de receitas. Nele, a partir de 1928, uma caprichosa dona de casa iniciou seu acervo de receitas. Receitas que devem ter passado de geração a geração, como tantas que ajudam a compor o gosto brasileiro, a exemplo dos cadernos de receitas mineiras, em que ciosas sinhás registravam suas especialidades, ou as receitas que, em confidências, lhes eram sussurradas pelas comadres. As imagens a seguir mostram algumas dessas receitas. Em minha família, há uma, em especial, que foi ensinada por vovó e transmitida por minhas tias e por minha mãe. Trata-se de uma rosquinha de polvilho, que, aqui, permanece como uma riqueza imaterial, cheia de símbolos e lembranças, representada pela transcrição de uma de minhas irmãs, feita às pressas, como só as crianças são capazes, novinhas para entender o mundo, mas já maduras para sentir o gosto e estabelecer suas predileções.

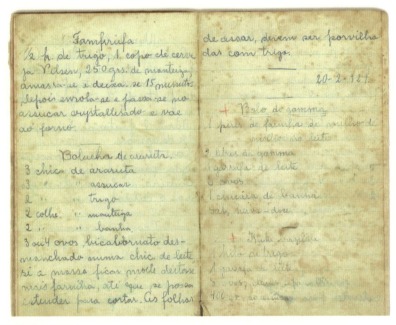

BOLO DE GOMA.
Foto do autor.

PIPOQUINHAS.
Foto do autor.

VAIS NÃO VENS.
Foto do autor.

FARINHA DE MANDIOCA

SAUDADES.
Foto do autor.

ROQUETES ESCALDADOS.
Foto do autor.

ALGUNS DITOS POPULARES QUE LEVAM FARINHA

- Caldo da caridade só não levanta defunto depois que esfria.
- A farinha, muita gente diz ser comida de pobre, mas em qual banquete falta farofa?
- Se a farinha é pouca, meu pirão primeiro.
- Ele não bebe, come com farinha.
- É tudo farinha do mesmo saco.
- Não deu nem para a farinha.
- Engole com farinha.
- Sobrou para a farinha?
- Enquanto você vai com a mandioca, eu volto com a farinha.

REFERÊNCIAS BIBLIOGRÁFICAS

ALGRANTI, M. *Pequeno dicionário da gula*. Rio de Janeiro: Record, 2000.

AMADO, P. J. *As frutas de Jorge Amado ou o livro das delícias de Fadul Abdala*. São Paulo: Companhia Das Letras, 1997.

ANUNCIATO, O. R. *Ofélia e a cozinha brasileira*. São Paulo: Melhoramentos, 1990.

BARRETO, R. L. P. *Passaporte para o sabor: tecnologias para a elaboração de cardápios*. 2ª ed. São Paulo: Editora Senac São Paulo, 2001.

BASTIDE, R. *O candomblé da Bahia*. São Paulo: Companhia Das Letras, 2003.

BOXER, C. R. *O império marítimo português*. São Paulo: Companhia Das Letras, 2002.

BRANDÃO, D. *A cozinha baiana*. Rio de Janeiro: Ediouro, 1967.

BUENO, E. *A viagem do descobrimento: a verdadeira história da expedição de Cabral*. Coleção Terra Brasilis. Rio de Janeiro: Objetiva, 1998.

CÂMARA CASCUDO, L. *Dicionário do folclore brasileiro*. Rio de Janeiro: Ediouro, 2000.

_____. *História da alimentação no Brasil*. São Paulo: Global, 2004.

CAMARGO, M. T. "Estudo etnobotânico da mandioca (*Manihot esculenta Crantz – Euphorbiaceae*) na diáspora africana". Em *Anais do Seminário Gastronomia em Gilberto Freyre*, Recife, 2005.

CANESQUI, A. M. "Antropologia e alimentação". Em *Revista de Saúde Pública*, nº 22, São Paulo,1988.

CARVALHO, A. J. *Comidas de botequim*. Rio de Janeiro: Nova Fronteira, 1981.

_____. *Cozinha típica brasileira: sertaneja e regional*. Rio de Janeiro: Ediouro, 1998.

CHRISTO, M. S. L. *Fogão de lenha: quitandas e quitutes de Minas Gerais*. 9ª ed. Petrópolis: Vozes, 1991.

COSTA, P. J. A. *A comida baiana de Jorge Amado ou o livro de cozinha de Pedro Archanjo com as merendas de D. Flor*. São Paulo: Maltese, 1994.

DONA BENTA. *Comer bem*. 70ª ed. São Paulo: Nacional, 1990.

FERNANDES, C. *A culinária paulista tradicional nos hotéis Senac São Paulo*. São Paulo: Editora Senac São Paulo, 1998.

_____. *Viagem gastronômica através do Brasil*. 2ª ed. São Paulo: Senac São Paulo, 2001.

FISBERG, M. *et al. Um, dois, feijão com arroz: a alimentação no Brasil de norte a sul*. São Paulo: Atheneu, 2002.

FREYRE, G. *Açúcar: uma sociologia do doce, com receitas de bolos e doces do nordeste do Brasil*. São Paulo: Companhia Das Letras,1997.

GEERTEZ, C. *A interpretação das culturas*. Rio de Janeiro: Zahar, 1978.

JUNIOR, V. C. S. *Na palma da minha mão*. Salvador: EDUFBA, 2011.

_____. *O banquete sagrado*. Salvador: Atalho, 2009.

LIMA, Z. M. C. *Pecados da gula: comeres e beberes das gentes do Maranhão*. São Luís: CBPC, 1998.

MACIEL, M. E. "Uma cozinha à brasileira". Em *Revista Estudos Históricos*, CPDOC/FGV, 33, Rio de Janeiro, 2004.

MODESTO, M. L. *Cozinha tradicional portuguesa*. 3ª ed. Lisboa: Verbo, 1982.

QUEIROZ, R. *O não me deixes: suas histórias e sua cozinha*. São Paulo: Siciliano, 2000.

ROMIO, E. *Brasil 1500/2000: 500 anos de sabor*. São Paulo: ER Comunicações, 2000.

SENAC NACIONAL. *Culinária amazônica: o sabor da natureza*. Rio de Janeiro: Senac Nacional, 2000.

_____. *Culinária nordestina: encontro de mar e sertão*. Rio de Janeiro: Senac Nacional, 2001.

_____. *Do pampa à serra: os sabores da terra gaúcha*. Rio de Janeiro: Senac Nacional, 1999.

_____. *Dos comes e bebes do Espírito Santo: a culinária capixaba no Hotel Ilha do Boi*. Rio de Janeiro: Senac Nacional, 1997.

_____. *Sabores e cores das Minas Gerais: a culinária mineira no Hotel Senac Grogotó*. Rio de Janeiro: Senac Nacional,1998.

SILVA, P. P. *Farinha, feijão e carne-seca: um tripé culinário no Brasil colonial*. São Paulo: Editora Senac São Paulo, 2005.

TRIGO, L. G. G. *Viagem na memória: guia histórico das viagens e do turismo no Brasil*. São Paulo: Editora Senac São Paulo, 2000.

Salvem as casas de farinha

Fernanda Cabrini e Marcelo Terça-Nada!

> O artífice representa uma condição
> humana especial: a do *engajamento*.
> *Richard Sennet*

TUDO COMEÇOU COM UMA HISTÓRIA PESSOAL

Quando Fernanda Cabrini ainda morava na Itália, teve seu primeiro contato com uma casa de farinha por meio do cinema. Logo no início do filme *Deus e o diabo na terra do sol*, Glauber Rocha apresenta, usando uma sequência de imagens, o ambiente rústico de uma construção de beneficiamento da mandioca como um lugar quase sagrado, carregado de origem e tradição, repleto de força e autonomia.

Ao chegar ao Brasil, Fernanda procurou as casas de farinha, perguntando-se se realmente existiam. A primeira casa que conheceu foi no interior da Bahia, nas redondezas de Jequié, onde encontrou homens e mulheres limpando, lavando, triturando a mandioca, para, depois, torrá-la e chegar à farinha. Todo mundo sabia o que tinha de ser feito. Os mais velhos sentados em banquinhos, acompanhando e aprovando. Anoiteceu, e aqueles homens negros, cobertos de farinha branca, o calor do fogo, o cheiro do café e do beiju quentinho formavam uma cena tão forte que ela ainda está guardada em sua memória. Quando a madrugada veio, o fogo foi apagado e os anciões voltaram para casa, cada um com uma cota de farinha.

MANDIOCA RASPADA.
Foto: Anna Paula Diniz.

MASSA DE MANDIOCA PRENSADA.
Foto: Anna Paula Diniz.

O povoado era pequeno, e a casa de farinha era usada também por pessoas que vinham de comunidades próximas. Parecia-lhe um mundo perfeito, no qual os homens plantam, colhem e transformam o alimento, dentro de um forte sentido de coletividade, tendo claro o conceito da responsabilidade em relação aos mais velhos. A casinha que serviu de pouso para a visitante pertencia a um senhor que tinha somente um prato de ferro, uma caneca, um bule para o café (que ele mesmo plantava e torrava), um candeeiro e uma panela de barro para cozinhar o feijão – podia-se dizer que, ali, ele tinha tudo o que precisava e vivia realizado.

A partir daquela viagem, Fernanda visitou diversas casas de farinha, cada uma com sua história e particularidades. Nos últimos anos, porém, muitas das casas de farinha que conheceu foram derrubadas ou fechadas. Lamentavelmente, o desaparecimento das casas de farinha é um fenômeno que tem acontecido em muitas regiões do Brasil.

A IMPORTÂNCIA DE PRESERVAR

Quem me dera, dera, dera
Quem me dera pra mim só
A pontinha do seu lenço
Pra enxugar o meu suor

Adeus, adeus
Casa de farinha, adeus
Você fica com saudade
Quem vai embora sou eu

Adeus casa de farinha
Roda de puxar mandioca
Adeus àquela menina
Que me deu a tapioca

Adeus, adeus
Casa de farinha, adeus
Você fica com saudade
Quem vai embora sou eu[1]

---

1 Cântico de trabalho das mulheres de Porto Real do Colégio – município de Alagoas localizado às margens do Rio São Francisco –, gravado no disco *O canto das farinhadas*.

Junto com as casas de farinha, também correm o risco de desaparecer as farinhas produzidas artesanalmente (com suas peculiaridades regionais), a noção de produção comunitária, o "fazer junto", o convívio, o sentido de "comum" presentes nessas casas e a cultura e saberes que envolvem a produção nesses espaços, como os cantos de trabalho e modos de preparo.

Na casa de farinha, o homem exercita sua habilidade, fruto de anos de convivência com o ambiente ao seu redor. O cultivo, as espécies, os processos estão adaptados à realidade e características locais. Na casa de farinha, o saber é fruto de experiências, de vivência e também de mistérios. A farinha de cada região é única, porque cada uma é produzida de um jeito e a partir de uma série de saberes acumulados pelo tempo e pela experiência de vida. As diferentes farinhas são resultado da história de cada região e das comunidades produtoras.

PÁ TORRANDO FARINHA DE MANDIOCA.
Foto: Anna Paula Diniz.

Por exemplo, a etapa de torrar a farinha é a mais importante. Consiste na transformação da massa da mandioca em farinha. Nesse momento, percebe-se que alguma coisa "acontece". O homem que realiza aqueles movimentos ritmados com a pá ou com o rodo, no forno, ou fazendo girar o tambor com a massa que implodirá em farinha, é um homem que sabe o que faz, um mestre no seu ofício. Possuindo essa ciência, junto com a experiência acumulada, sabe buscar o ponto exato de graduação do forno. Esse processo não é simplesmente levar o forno a uma determinada temperatura e manter certa velocidade nos movimentos. É fruto de um saber-fazer, como as doceiras ou as cozinheiras que podem dar receitas, mas sem revelar o seu segredo. Segredo esse que depende da habilidade de cada um, da prática cotidiana, e que dá o caráter de unicidade ao produto. Sabem fazer, não sabem por que sabem fazer. E isso é irrevelável, porque são obras únicas de homens únicos. E é muito fácil, como afirmam com frequência. Difícil é para quem não sabe.

Nas casas de farinha, criadas pelo homem para o sustento do homem, realiza-se o trabalho como expressão do homem.

Antes da colonização do Brasil, antes da chegada dos europeus, já existiam casas de farinha. Não eram propriamente casas, tinham um telhado de sapê, o forno era de pedra, mas as ferramentas eram bem parecidas com as que se usam ainda hoje, e as etapas da produção, a gestualidade eram as mesmas.

E isso tudo é tradição, é resistência, é cultura.

FÁBRICAS *VERSUS* CASAS DE FARINHA

Hoje, em muitos lugares, as pessoas plantam mandioca e a vendem para as fábricas.

Mas o que é uma fábrica? É um lugar onde a produção é feita em escala, os processos são padronizados, produz-se a partir do mesmo tipo de maquinário e segundo um determinado modelo, ou seja, o produto é sempre igual. As ferramentas artesanais, os modos tradicionais de fazer, as peculiaridades regionais são substituídas pelas máquinas, e as máquinas são destruidoras de culturas.

O chamado "progresso" (científico e econômico) ataca a tradição. Com sua doutrina de nutrição ideal e alimentos padronizados produzidos em massa, substitui os hábitos alimentares – verdadeiros pilares da tradição de um povo. Dentro desse pensamento, a casa de farinha, hoje, é considerada "uma superada unidade de processamento" (que falta de poesia!).

Os defensores do mercado de produção de alimentos em escala afirmariam que a casa de farinha é "antieconômica". As atividades definidas como antieconômicas são consideradas inúteis, e seus defensores são considerados visionários. É antieconômico tudo aquilo que não produz lucro. Esse mercado não se importa com a origem ou com o modo como os produtos foram criados; suas únicas preocupações são o menor preço (custo/benefício) e a maior quantidade (volume de produção). Esse mercado não se importa com as riquezas humanas, culturais e sociais, ou com a diversidade e a qualidade dos produtos.

Afirmariam ainda que as casas de farinha não são adequadas do ponto de vista sanitário. O movimento Slow Food[2] discute, há muito tempo, questões ligadas ao excesso de sanitarismo, especialmente quando esse excesso impede a produção de alimentos de forma artesanal. As leis sanitárias, do jeito que são construídas hoje, são voltadas para as grandes indústrias de alimentos (muitas vezes, inclusive, com a participação de *lobbies* dessas indústrias com a finalidade de defender seus interesses). Várias comunidades de pequenos produtores estão deixando de produzir, visto que suas práticas e artefatos tradicionais não estão totalmente de acordo com as leis sanitárias. Com isso, muitos produtos artesanais já não são mais encontrados.

---

2   Associação internacional sem fins lucrativos fundada em 1989 como resposta aos efeitos padronizantes do *fast food* e que busca o prazer da alimentação com consciência ambiental e responsabilidade social.

A SEGURANÇA ALIMENTAR E A QUESTÃO DA QUALIDADE

Muito mais importante que as questões puramente sanitárias é o conceito de "segurança alimentar", que pode ser definido como:

> Garantia do direito de todos ao acesso a alimentos de qualidade, em quantidade suficiente e de modo permanente, com base em práticas alimentares saudáveis e sem comprometer o acesso a outras necessidades essenciais nem o sistema alimentar futuro, devendo se realizar em bases sustentáveis. Todo país (e território) deve ser soberano para assegurar sua segurança alimentar, respeitando as características culturais de cada povo, manifestadas no ato de se alimentar. (Instituto da Cidadania)

O discurso do volume de produção de alimentos não pode se sobrepor às questões sociais, ambientais, culturais ou mesmo de soberania alimentar. É necessário construir uma cultura da qualidade do alimento.

FARINHA DE MANDIOCA PRODUZIDA ARTESANALMENTE.
Foto: Anna Paula Diniz.

Segundo a definição defendida pelo Slow Food, um alimento de qualidade deve ser "bom, limpo e justo", o que, em linhas gerais, significa: ser saboroso, cultivado e beneficiado de maneira que respeite os ecossistemas, além de produzido e comercializado com justiça social (o que envolve, por exemplo, uma remuneração justa ao produtor).

COMO PRESERVAR?

Como valorizar as farinhas artesanais e os seus produtores? Como criar aproximação entre os produtores artesanais e as pessoas que entendem o valor desse tipo de produção?

CONSUMIDORES ATIVOS = COPRODUTORES

Quem consome também participa da cadeia de produção do alimento, já que, com as suas escolhas, o consumidor pode estimular determinado modo de produção e de comercialização. O consumidor se torna coprodutor ao optar por produtos agroecológicos, orgânicos e/ou artesanais, uma vez que, com sua opção, está estimulando que produtos assim sejam produzidos. Ao se organizar em redes/grupos de consumo responsável ou buscar comprar diretamente dos produtores (em feiras orgânicas ou feiras regionais, por exemplo), o consumidor estimula uma cadeia de comércio com menos intermediários e sem atravessadores e, dessa forma, consegue adquirir o produto por um preço melhor, ao mesmo tempo que o produtor tem uma renumeração mais adequada.

CHEFS E A ECOGASTRONOMIA

A ecogastronomia é um conceito criado pelo Slow Food e busca restituir ao alimento sua dignidade cultural, defendendo a preservação e o uso sustentável da biodiversidade, valorizando a cozinha típica regional e o prazer da alimentação. Os chefs, ao conhecerem a origem dos produtos que usam e ao fazerem uma opção consciente sobre de onde e de quem comprar, também influem nos modos de produção e consumo. Podem valorizar os pequenos produtores comprando diretamente deles, e, principalmente, criando e recriando receitas com seus ingredientes típicos e especiais.

Ao criar pratos que utilizem farinhas de mandioca artesanais, os *chefs* podem chegar a sabores, texturas e experiências gastronômicas ímpares e ainda quebrar preconceitos com relação a esse tipo de produto. Pratos como pirões, farofas, paçocas, cuscuz e tantos outros podem ganhar toques autorais e conquistar o paladar mais exigente. Há um extenso universo de possibilidades para os que se aventurarem nesse desafio.

DAR VALOR E GERAR VALOR

Se as casas de farinha desaparecerem, só restarão as farinhas industrializadas. Não é possível querer ter acesso a um "ingrediente especial" se as comunidades que o produzem e os modos de vida relacionados àquela produção deixarem de existir. A produção de um alimento vai muito além da ideia de ingrediente. Envolve territórios, saberes, processos, utensílios, identidade e culturas específicos.

Ao valorizar as farinhas artesanais e constituir meios para que o produtor consiga comercializá-las de modo justo, as casas de farinha e o modo de vida que orbita em torno dela terão um horizonte de preservação.

A IMPORTÂNCIA DESSA CAMPANHA

Hoje, como nunca, temos a urgência de preservar as diferentes identidades culturais, sem atitudes nostálgicas do passado, mas como resposta à globalização e à padronização do alimento e da cultura.

As casas de farinha são patrimônio arquitetônico, cultural e gastronômico do nosso povo. Vamos sensibilizar os órgãos públicos, vamos encontrar uma maneira de garantir a sustentabilidade das comunidades produtoras.

PRODUTOR MOSTRA A FARINHA DE MANDIOCA QUE ACABOU DE FAZER.
Foto: Anna Paula Diniz.

As tradições de um povo são como as raízes: uma vez cortadas, a árvore morre. Não vamos deixar morrer essa árvore.

Salvem as casas de farinha!

REFERÊNCIAS BIBLIOGRÁFICAS

INSTITUTO DA CIDADANIA BRASIL. Disponível em http://www.institutocidadania.org.br. Acesso em 5-3-2013.

PAIXÃO, A. R. & LEMOS, F. *Casa de farinha*. Rio de Janeiro: INEPAC – Divisão de Folclore, 1986.

PETRINI, C. *Slow Food: princípios da nova gastronomia*. São Paulo: Editora Senac São Paulo, 2009.

SCHUMACHER, E. F. *Small is Beautiful*. Londres: Blond & Briggs Ltd., 1973.

SLOW FOOD BRASIL. Disponível em http://www.slowfoodbrasil.com. Acesso em 5-3-2013.

A farinha de mandioca no prato brasileiro

Odilon Braga Castro

A presença da farinha de mandioca no cenário gastronômico nacional é uma verdade incontestável. De norte a sul, de leste a oeste deste "brasilzão" de dimensões continentais, a farinha aparece nas mais variadas preparações, firmando-se como um produto genuinamente brasileiro. Se ainda não galgou o patamar de orgulho nacional, deve ser por falta do reconhecimento de boa parte dos próprios brasileiros que, apesar de consumi-la, não a reputa digna de maiores considerações gastronômicas.

Entretanto, os novos ventos da gastronomia mundial que semeiam a valorização da terra, seus frutos e produtos locais estão soprando por esta *terra brasilis*, proporcionando uma autoavaliação da diversidade e riqueza do nosso comer. A partir do momento – recente – em que cozinheiros famosos passaram a utilizar e defender a exploração, no bom sentido, de ingredientes nativos, a farinha de mandioca recebeu sua alforria. Agora, começa a ser objeto de estudos, pesquisas e passa a ser tratada com a devida reverência por sua quase onipresença no cenário alimentar nacional.

Uma rápida caminhada pelo Brasil é capaz de mostrar como a farinha de mandioca compõe vários pratos dessa rica culinária. Essa viagem, entretanto, revela um aspecto importante: os pratos não se encerram dentro das linhas divisórias entre um estado e outro, ou seja, a divisão geopolítica oficial do país não é, nem pode ser, fator limitador para a existência de um prato. Uma comida considerada típica de um estado poderá ultrapassar suas fronteiras e estar presente em outro estado, às vezes, com a mesma denominação ou com outra e, obviamente, com suas adaptações originadas pelas circunstâncias locais.

Assim se apresenta o uso das farinhas de mandiocas pelo Brasil. Sim, farinhas de mandiocas! São vários os tipos de raízes que se prestam para a produção de farinhas. Em cada canto do país há preferência por determinado tipo de farinha. Elas podem se diferenciar por cor, granulagem, método de produção, torra e pureza. Em alguns lugares, há a preferência pela farinha fina branca; em outros, pela amarela. Há quem prefira a farinha grossa, branca ou amarela, crua ou torrada, enfim, existem vários tipos de farinhas nesse imenso país. É nessa rica diversidade que elas aparecem sob várias formas na composição de pratos representativos da culinária típica brasileira.

CONSUMO NA SUA FORMA PURA

O ato de levar um punhado de farinha diretamente para a boca é um hábito nacional. É a forma mais simples de apreciar ou avaliar a qualidade de uma farinha. Movimento ingênuo, infantil, desprovido de qualquer afetação, mas que simboliza a interação do povo brasileiro com suas farinhas.

O uso da farinha de mandioca, na sua forma original, na alimentação brasileira aparece em todos os rincões. A presença da farinheira – seja de plástico, barro, vidro, alumínio, prata ou até mesmo improvisada em um copo – à mesa demonstra a importância do produto na alimentação diária nacional. Seu consumo *in natura*, que é observado por todo o território, pode ser demonstrado com alguns exemplos.

O gaúcho tão orgulhoso do tradicional churrasco de fogo de chão, com cortes específicos, complementa-o com a farinha. O que dizer de um costelão assado no calor das brasas por doze horas, suculento, macio, quase derretendo, complementado pela crocância de um punhado de farinha que adere à carne em uma associação gustativa perfeita? Aliás, a excelência do churrasco espalhou-se por todo o Brasil e até para outros países. O modo de assar e os cortes podem ser diferentes, mas a farinha de mandioca sempre está presente, seja na sua forma pura ou modificada na forma de farofas.

Saindo do Sul para o Norte, temos no Pará outro exemplo. O consumo do açaí é feito regularmente com farinha de mandioca, notadamente a farinha-d'água feita com a massa da mandioca previamente fermentada. Dados da Embrapa indicam esse estado como o que apresenta o maior consumo de farinha de mandioca do Brasil por domicílio, chegando a superar 40 kg por habitante ao ano.

Ainda no Norte, mas não exclusivamente no Pará, aparece um prato essencialmente brasileiro, de forte influência indígena: a maniçoba. Espécie de cozido feito com as folhas da mandioca brava trituradas e pré-cozidas para a eliminação do ácido cianídrico. Acrescentam-se, em um longo cozimento, carnes variadas. No momento de servir, sempre é acompanhada pela insubstituível farinha.

Como a cultura alimentar não pode ser aprisionada a limites territoriais – conforme já observado –, a maniçoba aparece também com muita força no Recôncavo Baiano. É considerado um prato típico daquela região e, da mesma forma que no Norte, é servida com farinha, mas, dessa vez, com a farinha fina, mais apreciada na Bahia.

Continuando pelo Nordeste, existe outro exemplo de prato cujo acompanhamento é essencialmente a farinha de mandioca. O sarapatel, prato de origem indo-portuguesa, adaptou-se e arraigou-se como um prato nacional típico de vários estados nordestinos. Pode ser descrito como um guisado feito com vísceras cortadas em pedaços pequenos que podem ser de suínos, ovinos ou caprinos, incluindo o sangue coagulado desses animais. Prato forte e bem acompanhado com pimenta e farinha.

FEIJÃO E FARINHA

Interação alimentar típica brasileira, o feijão sempre insinua a presença da farinha – sem esquecer também o arroz. Mas que feijão? Resposta: qualquer feijão. As preferências regionais diversas não afastam a combinação da farinha de mandioca com o feijão, seja à parte para serem conjugados já no prato do comensal, seja misturados no momento da produção.

Há quem ainda resuma a tipicidade da culinária brasileira à feijoada carioca, feita de feijão preto, mas que habita outros tantos estados brasileiros. Sem entrar no mérito da representatividade da culinária nacional, o fato é que todas as feijoadas existentes pelo Brasil, a exemplo da sergipana – que também aparece em outros estados, feita com feijão mulatinho, carnes e vegetais –, têm como um dos acompanhamentos básicos a farinha de mandioca, ou, então, uma farofa simples. Até mesmo a dobradinha portuguesa, feita com feijão branco, assumiu a farinha como um dos seus complementos.

A farinha de mandioca pode deixar de ser complemento e atuar como ingrediente na produção de vários pratos típicos com feijão, a exemplo dos feijões tropeiros feitos com diversos tipos de grãos e servidos pelo Brasil afora. Feijão mulatinho, carioquinha, de corda, fradinho ou outros, são cozidos até o ponto ainda firme (*al dente*), escorridos, adicionados a pequenos pedaços de carne e gordura refogados e temperados de acordo com as preferências regionais e misturados com farinha de mandioca.

Já o feijão, preto ou mulatinho, bem cozido e com o caldo engrossado com farinha de mandioca se transforma em pratos típicos de vários estados. Em São Paulo, a mistura do feijão batido encorpado com farinha faz parte do substancial virado à paulista, acompanhado de couve refogada, bisteca de porco frita, linguiça, ovo frito e torresmo. Produção muito semelhante aparece em Minas Gerais como tutu de feijão, que pode ser apenas um acompanhamento ou servido como prato tão rico quanto o virado. No Rio Grande do Sul, é possível degustar o feijão mexido e, em Santa Catarina, o pirão de feijão. Esses são apenas alguns exemplos do uso da farinha de mandioca para engrossar o feijão na culinária brasileira.

Tutu à mineira

500 g de feijão mulatinho ou preto
100 g de bacon picado
150 g de linguiça defumada picada
10 g de alho picado
150 g de cebola picada
200 g de farinha de mandioca
5 ovos
300 mℓ de óleo
1 kg de linguiça de porco fresca
2 maços de couve cortada fina
Sal

Lavar e cozinhar o feijão em água até amaciar. Escorrer, amassar grosseiramente os grãos e reservar o caldo do cozimento. Fritar o bacon e a linguiça defumada em um pouco de óleo. Juntar o alho e a cebola. Acrescentar o feijão, o caldo e cozinhar por 10 minutos. Misturar a farinha aos poucos até adquirir consistência pastosa. Acertar o sal e reservar.
Fritar os ovos individualmente (também podem ser servidos cozidos duros). Fritar a linguiça fresca em pedaços e reservar. Refogar a couve na mesma panela em que fritou a linguiça.
Montar o prato com o tutu, a couve, os ovos e a linguiça.

PIRÕES

Os cozidos de influência portuguesa acharam na farinha da colônia uma parceira perfeita para enriquecê-los. Os pirões feitos com os caldos dos cozimentos são encontrados em todo o país. Carnes ensopadas, com ou sem vegetais, resultam em um caldo cheio de aromas e sabores e, quando engrossado com farinha de mandioca, adquire consistência ímpar para ser servido como acompanhamento do cozido que o originou, e há quem se satisfaça somente com o próprio pirão.

FARINHA DE MANDIOCA

Peixes de rios ou do mar resultam em peixadas, caldeiradas e ensopados em todos os estados brasileiros, em sua maioria, acompanhados de pirões, a exemplo da peixada cearense (ou paraibana, ou alagoana, ou pernambucana, ou ...), do peixe na telha, típico de Goiás, mas também presente no Tocantins, Mato Grosso e outros tantos estados, da caldeirada de tucunaré, típica da Amazônia, ou das caldeiradas de frutos do mar servidas de norte a sul do extenso litoral Atlântico.

As moquecas também se fazem acompanhar de pirões. São produzidas em vários estados, mas há o destaque para duas em especial: a capixaba, colorida com o óleo de urucum, herança indígena, e a baiana, que usa azeite de dendê e leite de coco, nítida influência africana. Nesse caso, a presença da farinha pode ser também na forma de farofa, não sendo raro as moquecas serem servidas com pirão e farofa juntamente.

Outro pirão tradicional na culinária brasileira, especificamente na nordestina, é o pirão de leite, um dos clássicos acompanhamentos da carne de sol. O sabor adocicado do pirão de leite harmoniza-se perfeitamente com o salgado da carne de sol. É claro que não só o pirão se harmoniza com a carne de sol, ela também é muito bem acompanhada com uma farofa – especialmente de manteiga de garrafa – ou a farinha na sua forma natural.

Não chega a ser um pirão; talvez possa ser comparado a um pirão ralo, mas o fato é que, em muitos estados, há o hábito de consumir, como se fosse uma sopa, o resultado do cozimento de farinha com água e temperos. Na Amazônia – e arredores – essa produção é conhecida como caldo da caridade e utilizado como restaurador de forças, bom para quem está adoentado e/ou precise de energia. No Nordeste, pode ser chamado de mingau de cachorro. Também não é raro achar denominações como cabeça de galo ou xotão, pelo Brasil afora. Pode-se incrementar a receita básica com carne moída, frango desfiado, ovo, enfim, qualquer coisa que lhe empreste aroma, cor e sabor, desde que não altere muito sua consistência, mantendo o propósito da fácil mastigação.

Um dos pratos típicos encontrados pelo sertão nordestino – e, possivelmente, em outras regiões – é a galinha de parida, que tem algumas histórias para seu nome. Basicamente é a galinha caipira gorda (ou o frango capão) ensopada. Posteriormente, faz-se um pirão com o caldo gordo resultante. Acredita-se que esse prato calórico e substancial seja capaz de fortalecer as mulheres que deram à luz recentemente e, por conseguinte, reforçar o leite materno, dando "sustança" aos recém-nascidos. Segue a receita de uma típica galinha de parida. Mas vale a pena ter cuidado com o excesso de gordura animal sugerida. É possível obter um bom resultado retirando a gordura da galinha na preparação.

Galinha de parida

1 galinha caipira
15 g de sal
20 g de alho amassado
400 g de cebola ralada
20 mℓ de suco de limão
5 g de cominho
5 g de açafrão-da-terra (cúrcuma)
100 mℓ de óleo
400 g de tomate maduro picado
3 folhas de louro
10 g de coentro picado
10 g de cebolinha picada
300 g de farinha de mandioca

Cortar a galinha em pedaços grandes e reservar a gordura. Temperar a galinha com sal, alho, cebola, limão, cominho e açafrão da terra. Deixar marinar por 1 hora. Derreter a gordura reservada com o óleo. Fritar os pedaços da galinha. Acrescentar os tomates e o louro. Cozinhar em fogo baixo, colocando água quando necessário. Acertar o sal. Retirar a galinha quando estiver macia. Colocar coentro e cebolinha no caldo do cozimento. Fazer um pirão gordo (ou retirar a gordura), colocando a farinha de mandioca aos poucos no caldo e mexendo com um batedor balão (*fouet*). Servir a galinha com o pirão.

FARINHA + ALGUMA COISA = FAROFA

Talvez a mais democrática e mais aberta a criações das produções com farinha de mandioca seja a farofa. Símbolo de coisa simples, e estigmatizada como comida de pobre e gente ruidosa (o farofeiro), na verdade, está presente em todos os lares e mesas tupiniquins. Nas festas de fim de ano, por exemplo, a farofa tanto está na mesa do rico quanto na do pobre. Recheia perus e outras aves, acompanha assados e aparece com sabores salgados, doces ou doce-salgados, feita com o que cada bolso e criatividade permitirem.

Pegue a farinha de sua preferência, acrescente o ingrediente que deseja e terá criado a sua farofa. Simples assim. Algumas muito simples como a farofa de manteiga e outras exageradas em sabor, muitas vezes pelo irrefreável ímpeto de estar agregando ingredientes à farinha com resultados surpreendentes – ruins ou bons.

Algumas farofas são clássicas, como a de dendê, muito presente na culinária afro-baiana, podendo acompanhar xinxins – de galinha ou de bofe (pulmão bovino) –, carurus, moquecas, ensopados, peixes, frutos do mar, entre outros. Dentro do sincretismo religioso, da comida dos orixás, a farofa de dendê tem presença quase constante.

Farofa de dendê

100 ml de azeite de dendê
150 g de cebola picada ou ralada
500 g de farinha de mandioca
Sal

Aquecer o azeite numa frigideira, dourar a cebola, acrescentar a farinha de mandioca e misturar bem. Acertar o sal.

A FARINHA DE MANDIOCA NO PRATO BRASILEIRO

O filé à Oswaldo Aranha, prato nascido no bairro boêmio da Lapa, no Rio de Janeiro, é composto de filé alto coberto com alho frito, batatas salteadas e a inseparável farofa de banana e ovo. Foi criado no restaurante Cosmopolita, também conhecido por "Senadinho", local frequentado por políticos na década de 1930 e batizado com o nome do famoso frequentador e diplomata gaúcho. Outro prato reconhecido como carioca é o picadinho de carne acompanhado de ovo – frito ou poché – e farofa. É claro que o picadinho pode ser encontrado em todo o Brasil, mas há que se admitir que, quase sempre, está bem acompanhado de uma farofa.

A farofa-d'água, muito apreciada no Nordeste, também merece menção pela sua preparação bastante peculiar. Basicamente, a farinha de mandioca é molhada com um pouco de água fria ou quente (nunca fervente), esfarelada e temperada com sal, sendo um excelente acompanhamento para carnes, aves e peixes, fritos, assados ou grelhados. A essa preparação básica podem ser acrescentados temperos verdes, cebolas, pimentões e tomates picados, dependendo do gosto do cozinheiro.

As paçocas, por definição, não são farofas, mas são muito parecidas. No Nordeste, tradicionalmente, juntam-se farinha e carne (assada, frita ou grelhada) e, com a ajuda imprescindível de um pilão pesado, pilam-se estes até se conseguir uma mistura quase homogênea. As paçocas podem ser feitas com carne de sol, carne-seca, charque, jabá, as várias denominações desse tipo de carne encontradas pelo Brasil. No Centro-Oeste, pode-se encontrar a versão com banana frita e, no Paraná, com o famoso pinhão da araucária.

FARINHA ADOCICADA

Geralmente, o consumo da farinha de mandioca está associado a pratos salgados, entretanto, há o seu uso em bebidas e pratos doces. Mais presente no hábito nordestino está a adição de farinha ao café adoçado, mistura geralmente consumida pela manhã e que gera energia para a labuta até o horário do almoço. Para se refrescar durante o dia, muito antes do domínio

dos refrigerantes, o brasileiro derretia pedaços de rapadura em água fresca
– de moringa – e acrescentava um punhado de farinha, produzindo assim
a jacuba, ou chibé, ou cibé, ou xibé, denominações várias para a bebida
encontrada principalmente no Norte e no Nordeste, mas que também pode
significar apenas a mistura de farinha com água.

Ainda no Nordeste, há um doce para o qual muitos torcem o nariz pela
sua composição: sangue de porco, rapadura e farinha. É o chouriço, feito
principalmente no interior da região, após o abate do porco. Algumas receitas acrescentam castanha de caju e/ou amendoim. Existe ainda a versão sem
o sangue de porco e com o acréscimo de especiarias como cravo, canela e
gengibre como a encontrada no Seridó Potiguar, chamada doce de espécie.
Além desses exemplos, a farinha de mandioca está sempre à disposição para
quem a deseje adocicada, misturando-a simplesmente com mel ou melaço,
fazendo uma espécie de paçoca com rapadura, ou misturando-a com frutas, como a banana.

AMODA DA BAHIA

Não, não está escrito errado; é amoda mesmo! Este é o nome de um doce
que fez parte dos tabuleiros das baianas da cidade de São Salvador até metade
do século XX. Não se sabe a razão, mas sumiu; não aparece mais nos tabuleiros deste século, salvo raríssimas exceções. Foi resgatado, estudado, produzido, apresentado e degustado no ano de 2011, durante o V Seminário de
Gastronomia, no Senac Bahia, no centro histórico do Pelourinho.

É um doce rústico, feito com poucos ingredientes: rapadura, gengibre
e farinha de mandioca (olha ela aí!), além de um pouco de manteiga para
untar a assadeira. Utiliza-se a rapadura derretida em água – ou o melaço,
que é a etapa ainda líquida no processo de fabricação da rapadura e do açúcar. O gengibre, rizoma de origem oriental, é utilizado ralado ou em forma
de sumo, emprestando um sabor picante, excêntrico, ao doce. A farinha de
mandioca garante a consistência, uma vez que o doce é servido em bloqui-
nhos, quadradinhos compactos.

Segue a receita:

Amoda da Bahia

300 g de rapadura
300 mℓ de água
1 colher (sopa) de suco de gengibre
200 g de farinha de mandioca
Manteiga para untar

Picar a rapadura, colocar na água e dissolver em fogo baixo até obter uma calda grossa. Retirar do fogo e acrescentar o gengibre. Colocar a farinha aos poucos, mexendo sempre até conseguir uma massa consistente. Espalhar a massa sobre uma forma rasa untada com manteiga e deixar esfriar. Cortar em quadrados (5 cm × 5 cm) e servir.

USOS ESPECÍFICOS

A utilização da farinha de mandioca também pode ser detectada em produções específicas, permitindo apontar a clara localização de sua ocorrência no Brasil. Assim acontece com o cuxá maranhense. Prato feito com a folha da vinagreira (também conhecida como azedinha) misturada com farinha e sementes de gergelim torradas e socadas em pilão, cozida com temperos, resultando em algo parecido com uma pasta rala. Outras produções como o virado à paulista e o tutu à mineira – já citados anteriormente – são exemplos dessa quase demarcação territorial da culinária.

No Paraná, principalmente nos arredores de Morretes, há o barreado, espécie de cozido no qual carnes e temperos são colocados em panela de barro, que é vedada com uma mistura de farinha e água para que o vapor do cozimento não se perca. Esse cozimento era – ou ainda é em alguns lugares mais tradicionais – feito lentamente sob o chão, embaixo de uma fogueira. Nesse caso, a farinha de mandioca é utilizada duas vezes: inicialmente, entra como elemento técnico da produção (vedação da panela) e, uma vez pronto o barreado, é usual comê-lo acompanhado de farinha e banana. No mesmo estado, no município de Campo Mourão, há o carneiro no buraco, prato em que panelões são colocados para cozimento sobre brasas em buracos feitos no solo e, depois, servidos com pirão.

O *couscous* é originário do norte da África e aportou no Brasil nas naus portuguesas. Foi prontamente adotado e adaptado de acordo com os produtos disponíveis nas diversas regiões brasileiras. Com o nome de cuscuz, pode ser feito com tapioca e carimã (subprodutos da mandioca), além da farinha de milho, que é a mais utilizada. Entretanto, o cuscuz paulista, prato de resistência e bastante característico da culinária daquele estado, tem um diferencial marcante: na maioria das receitas, mistura-se a farinha de mandioca com a de milho. É realmente um cuscuz único.

Ela, a farinha de mandioca, às vezes, está presente, mas não se mostra tão visível como no exemplo anterior. Também passa despercebida quando usada na técnica gastronômica de empanamento. Peixes como pititinga, manjuba, agulhinha, vermelho, carapeba, surubim, entre outros, ficam maravilhosamente crocantes quando cobertos com farinha de mandioca antes de serem fritos em imersão. Nesse caso, o resultado é muito superior ao clássico empanamento com farinha de trigo.

NA COMIDA DO DIA A DIA

Além de sua utilização em vários pratos típicos encontrados por todo o país, a farinha de mandioca se apresenta fortemente na alimentação diária do brasileiro. Está sempre à mesa, disponível para quem quiser fazer misturas em seu prato. Essa alimentação despojada do dia a dia, sem compromissos com regras e etiquetas, permite sua livre associação, para gáudio do paladar de cada cidadão.

Quem nunca aproveitou, em um momento particular, para livremente misturar comidas sem se importar com normas e resultados predeterminados? A única busca é o prazer de comer, de comer bem, de comer o que se quer, mesmo que a "invenção" possa parecer estranha aos olhares e gostos alheios. O macarrão – que, no Brasil, é sinônimo de qualquer tipo de massa – faz parte da comida brasileira e é muito apreciado com feijão e farinha. Lasanha com arroz, feijão e farinha? Farofa na sopa para dar um pouco mais de consistência? Goiabada com farinha? Feijão, banana e farinha? Estrogonofe, arroz e farinha? Omelete com farofa? Vegetais cozidos amassados com farinha? Sardinha em conserva com farinha? Por que não? Cada um tem suas preferências alimentares e tem a liberdade de fazê-las, de criá-las.

Enfim, a grande herança alimentar das diversas tribos indígenas que aqui habitavam é, sem dúvida, o uso das mandiocas, sendo que um dos produtos mais relevantes são as farinhas. De grande diversidade, são apreciadas e utilizadas em todo o território nacional. Chegam até a provocar embates apaixonados sobre qual a melhor farinha de mandioca do Brasil. Ora, a melhor farinha é simplesmente aquela que você gosta!

REFERÊNCIAS BIBLIOGRÁFICAS

ABRIL COLEÇÕES. *Cozinha regional brasileira*. São Paulo: Abril, 2009.

ALGRANTI, M. *Pequeno dicionário da gula*. Rio de Janeiro: Record, 2000.

CASTRO, F. N. *Comida se tempera com cultura*. Rio de Janeiro: FN Castro, 2002.

CHAVES, G. & FREIXA, D. *Larousse da cozinha brasileira*. São Paulo: Larousse do Brasil, 2007.

EMBRAPA. Perguntas e respostas: mandioca. Disponível em http://www.cnpmf.embrapa.br/index.php?p=perguntas_e_respostas-mandioca.php. Acesso em 5-3-2013.

FERNANDES, C. *Viagem gastronômica através do Brasil*. 2ª ed. São Paulo: Editora Senac São Paulo, 2001.

FISBERG, M. *et al. Um, dois, feijão com arroz: a alimentação no Brasil de norte a sul*. São Paulo: Atheneu, 2002.

FARINHA DE MANDIOCA

FORNARI, C. *Dicionário: almanaque de comes e bebes*. Rio de Janeiro: Nova Fronteira, 2001.

FRAZÃO, A. C. *Comedoria popular: receitas, feiras e mercados do Recife*. Recife: Brascolor, 2009.

LODY, R. *Brasil bom de boca: temas de antropologia da alimentação*. São Paulo: Editora Senac São Paulo, 2008.

SUASSUNA, A. R. *Gastronomia sertaneja: receitas que contam histórias*. São Paulo: Melhoramentos, 2010.

A farinha de mandioca, indispensável para quem viveu na roça: a experiência de Antonio

Antonio Andrade Santos e Lílian Lessa Andrade Lino

Este texto surgiu do interesse em apresentar ao público do Seminário da Gastronomia Baiana uma experiência rica e significativa sobre a farinha de mandioca narrada por meu pai, Antonio Andrade Santos, quando vivia na roça. Ao lhe dizer que o tema do seminário seria farinha de mandioca, prontamente ele respondeu: "Eu sei tudo sobre farinha. Na roça nós fazíamos farinha e beiju toda semana". E, com a empolgação que lhe é peculiar, conversamos sobre a farinha e as etapas de seu fabrico, sob a perspectiva de quem viveu na roça.

QUEM FALA

Este é mais um capítulo na história de Antonio Andrade Santos, que viveu até a década de 1940 na fazenda Boa Vista, localizada no município de Itiruçu, Bahia, com o pai (Francisco), a mãe (Josefina) e seus oito irmãos, sendo cinco mulheres e três homens, além dele, o filho mais novo do casal. Na roça, cada um tinha uma atribuição nos afazeres domésticos, na produção e na criação de animais. Hoje, aos 82 anos, com ricas e detalhadas lembranças dos tempos idos e vividos, ele nos conta suas experiências com a produção e o uso da farinha de mandioca na roça. Após os 15 anos de idade, foi trabalhar no comércio em Itiruçu, em seguida, em Ubaíra, também na Bahia, e, como era comum em 1947, migrou para São Paulo e Rio de Janeiro, onde viveu aventuras diversas e desenvolveu-se na atividade mercantil. Retornou à Bahia (para a cidade de Jequié) em 1953, onde conheceu sua esposa, com quem já completou bodas de ouro e tem quatro filhas e cinco netos. A mais nova das filhas, Lílian, divide com ele esta experiência de escrever acerca da farinha de mandioca na roça!

A conversa girou em torno de algumas questões norteadoras: qual a importância da farinha de mandioca para quem vivia na roça? Como era produzida a farinha na roça onde ele viveu? Quem participava da plantação e do preparo da farinha? Quais os horários e como a farinha e os derivados eram consumidos?

A FARINHA DE MANDIOCA E A POSIÇÃO SOCIAL

Quanto ao valor social da farinha de mandioca, ele descreveu de maneira emocionada: "É de extrema importância a farinha na nossa vida na roça. O fazendeiro que ficasse sem mandioca para fazer farinha era considerado um pobre na alimentação e tinha que ter ajuda dos vizinhos. Dizia-se: 'Fulano caiu na compra de farinha', como se fosse um desastre na vida dele". Percebe-se que a farinha era mais que um alimento; servia como um demarcador de condição social, um símbolo do sustento.

DO PLANTIO À COLHEITA DA MANDIOCA

A FAMÍLIA, O CULTIVO DA MANDIOCA E OS PREDADORES

Para descrever todas as etapas de produção da mandioca até a farinha, Antonio falou sobre o modo de preparo e os equipamentos utilizados à época (de 1930 a 1945), em Itiruçu. Os nove filhos, o pai e a mãe participavam de todas as etapas, da plantação à manufatura. A responsabilidade com a plantação era de todos. As crianças, desde pequenas (a partir de 5 anos de idade), tinham de aprender como plantar e a importância disso.

A maniva (caule da mandioca), por ser muito resistente, era plantada em qualquer época. O terreno podia ser usado com até três plantas de mandioca, depois, era caracterizado como fraco. Antonio relata que, na época, não se usava adubo, e a maneira que encontravam para continuar trabalhando a terra era deixar descansar o terreno após três plantações. Utilizavam outras áreas da roça e, depois, retornavam, como em um rodízio. Na hora em que colhiam a mandioca, já deixavam os caules encostados a uma sombra por até três meses, para o replantio. Preparavam o terreno, isto é, planeavam-no para desfazer os buracos deixados pela retirada das raízes da mandioca, limpavam os matos (retirada de outras plantas indesejadas) e os deixavam sobre a terra como forma de mantê-la sadia. Depois, cortavam o caule em pedaços de vinte centímetros e os plantavam a uma profundidade de aproximadamente dez centímetros, de preferência, em uma terra fofa, na qual a raiz pudesse germinar com facilidade. A planta começava a brotar após cerca de vinte dias e estava pronta para ser colhida dentro de um ano e dois meses. Por ser uma planta nativa, muito adaptada ao terreno e ao clima, bastava limpar o mato (retirar outras plantas) duas vezes até a sua colheita, pois, quando a mandioca cresce, forma uma sombra que não permite o nascimento de outros matos a seu redor. Antonio relatou todo esse processo com a satisfação de quem fala de algo muito especial.

Mais uma qualidade da mandioca, revelou Antonio, era que o produto não sofria com predadores, exceto a perdiz, que cavava e encontrava a raiz de mandioca. A perdiz comia uma raiz de cada vez, o que demorava cerca de trinta dias. Não era permitido espantar ou caçar as perdizes, por seu belo canto. Antonio assobia imitando a ave, emocionado. Demonstra a relação íntima que se estabelecia entre seres humanos e o ambiente natural.

O segundo predador, bem mais perigoso, era a formiga, que vinha de longe, formando um carreiro e, à noite, cortava as folhas da planta, carregando-as. O combate a essa praga era feito com um veneno muito violento que exterminava o formigueiro, "e pai não permitia que fizéssemos isso", disse Antonio. O pai optava por um produto menos agressivo, que era chamado de rosalgar (óxido de arsênio), um produto que parecia sal. Antonio descreve minuciosamente a aplicação: "No fim da tarde, pai levava o veneno, uma gamelinha e água, misturava aquele produto a favor do vento para que o veneno não se direcionasse para seu lado". Enquanto isso, os filhos quebravam galhos de várias plantas de mandioca e entregavam-nas ao pai, que molhava as folhas no veneno e as colocava no caminho das formigas. À noite, as formigas, continuando seu trabalho de cortar, encontravam no caminho as folhas que haviam sido umedecidas com o veneno. Para Antonio e família, as formigas achavam o veneno muito doce. Com rapidez, cortavam essas folhas envenenadas e as levavam para o buraco. Ao chegar ao subsolo, esse produto, não tendo oxigênio, tornava-se "enjoativo" para as formigas. Elas abandonavam o formigueiro e, "enjoadas com a mandioca", não mais a atacavam. Essa é a explicação de Antonio para a ação do veneno. Ele acrescenta: "O velho, meu pai, com sua sabedoria, dizia que não devia exterminar as formigas, porque, acreditava ele, elas deveriam ter alguma utilidade para o meio ambiente". Essa sensibilidade ambiental, demonstrada pelo respeito com que eram tratados todos os seres, nos remete a um viver integrado, em que os seres, ainda que predadores, não são considerados inimigos a serem exterminados, mas, sim, um desafio para a manutenção do equilíbrio natural.

AS COMIDAS DA MANDIOCA E A IMPORTÂNCIA DA CASA DE FARINHA ARTESANAL

Toda semana colhia-se mandioca para fazer farinha e beijus, chamava-se "fazer tarefa". A colheita começava na quarta-feira e, na quinta, era o preparo. Os pequenos fazendeiros se ajudavam e utilizavam a mesma casa de farinha. Antonio conta que, na quinta-feira à tarde, o vizinho, Genésio, já mandava o filho perguntar se a casa de farinha estava desocupada, para ele utilizá-la na sexta e no sábado. O pai dizia que podia vir e que não era necessário trazer madeira, que, na casa, havia o suficiente. Lembrando a generosidade do pai, Antonio continua: "No sábado, quando terminava a tarefa, o vizinho perguntava quanto deveria pagar de porcentagem e, porque eram vizinhos, um sempre ajudava o outro. Pai não cobrava qualquer porcentagem, mas dona Joana, esposa de senhor Genésio, dava uma gamela de beiju pra mãe" (dona Josefina, esposa de senhor Francisco e pai de Antonio Andrade).

Nesse momento, Antonio faz uma pausa para organizar seu pensamento/sentimento sobre a quantidade de pessoas e animais prejudicados com a diminuição das casas de farinha: "Precisamos preservar a casa de farinha de mandioca artesanal, senão os pequenos fazendeiros serão obrigados a comprar a farinha feita nas mecanizadas; com isso, deixarão de se alimentar de um produto feito pela própria mão, como é o caso da farinha, do beiju e dos outros derivados, além de não alimentar os animais domésticos e até os pássaros". E, depois, exemplifica: "A massa comum, que sobra após a lavagem para tirar a goma, que faz o beiju e a tapioca, fica um produto de segunda qualidade, que serve para dar aos animais; a casca da mandioca também é seca ao sol e serve para alimentar os animais (galinhas, porcos, cavalos, entre outros). Não devemos acabar com as casas de farinha artesanais. Preservando a casa de farinha, a felicidade volta para o pequeno lavrador, assim ele tem, inclusive, o aconchego da família, pois todos trabalham juntos e têm a satisfação de produzir seu próprio sustento".

DA COLHEITA ATÉ A CASA DE FARINHA

Para colher a mandioca, saíam todos pela manhã à roça, um pegava o animal para carregar a mandioca, o pai e a mãe arrancavam as raízes, e os demais já sabiam suas atribuições. Por exemplo, um dos filhos cortava a patioba, que é uma espécie de folha, que servia para prensar a massa e também para colocar a mandioca descascada e limpa sobre ela, a fim de não colocá-la diretamente no chão, para não sujá-la. Outro filho pegava o boi e já sabia o caminho para não encontrar cobras no brejo, sabia qual era o mais manso e o local da madeira seca para queimar na casa de farinha.

Aquele que buscava o jegue e o cavalo já sabia como encher completamente os panacuns (ou caçuás), ou seja, os dois cestos grandes de cipó, que eram colocados na cangalha, espécie de cela colocada no lombo do animal, para sustentar os panacuns. Essa cangalha era segura por uma cilha, cinta que circunda a barriga do animal, ajustando a cangalha. Dentro de pouco tempo, chegavam os animais com uma carga para as quatro irmãs, que, na casa de farinha, já esperavam a mandioca para descascá-la. A quinta irmã ficava em casa para cuidar da panela de feijão e colocar o toucinho na hora certa. Era a comida de todos!

O FABRICO DA FARINHA

Nessa época, tudo era artesanal, desde o plantio, em que se utilizavam instrumentos simples como a enxada para a abertura das covas, onde se colocava a maniva, até a colheita, que era realizada manualmente e transportada em lombo de animal. No processo do plantio até o final do fabrico da farinha e do beiju quase todos os utensílios e equipamentos eram construídos em madeira (cocho, prensa, roda, bolinete, peneira, rodo e palhetas), exceto o alguidar e as serrilhas do bolinete, que eram de ferro e o arreio, de couro de boi, que ligava e permitia o movimento do bolinete, movido por uma roda acionada por dois homens.

DA PRODUÇÃO DA MASSA DA MANDIOCA ATÉ A PRENSAGEM

Colhida a mandioca, no mesmo dia, as irmãs raspavam a casca: "Duas das mulheres descascavam uma parte da raiz segurando-a pela parte suja e as outras duas raspavam a outra metade da mandioca, segurando na parte limpa, para não sujar a farinha. Os homens não se envolviam porque era trabalho mais leve, e as mulheres de saia, sentadas de mau jeito, podiam deixar expostas partes íntimas do corpo". A mandioca descascada era ralada no bolinete, uma espécie de ralo de madeira com serrilhas de ferro. Uma mulher colocava a mandioca para ralar e formar a massa da mandioca. Uma parte dessa massa era lavada para retirar a goma da qual se faz o beiju, a farinha de tapioca e a goma seca, que tinha várias utilidades, como fazer mingaus, engomar roupa, era usada como cola e para tratar disenteria. Essa parte lavada, da qual se retira a goma, produz uma massa caracterizada como de segunda categoria, a qual só permite a produção de uma farinha de segunda classe, que serve para fazer alimento para os animais. A massa principal era acondicionada, do final da tarde até o dia seguinte, em um cocho de madeira com estrias por dentro, que era chamado prensa, para reduzir sua umidade. Na prensa, ficava uma camada de folha de patioba, outra camada de massa, outra de folha e assim sucessivamente até encher o cocho, sendo que a primeira camada inferior era de folha, para não sair massa pelo local de saída do líquido.

Para explicar como era realizada a prensagem, para facilitar a compreensão e dar uma melhor visualização do processo de produção da farinha, Antonio fez um desenho com a denominação das partes. Colocava-se o tampo de madeira na prensa, que ficava entre duas vigas de madeira. Um pontalete, pedaço de madeira resistente, ficava entre o tampo e a viga superior, que era pressionada por um parafuso de madeira, localizado em uma das extremidades da viga, o qual ia sendo apertado aos poucos. A água tóxica de tapioca ia escorrendo do coxo para fora da casa de farinha durante, no mínimo, oito horas. À noite, por várias vezes, uma pessoa precisava acordar e dar um aperto no parafuso, para que a massa ficasse enxuta a ponto de ser peneirada. A peneira feita de palha de ouricuri, ou outra similar disponível, era a usada pela família de Antonio. Ele nos conta que: "A água que sai é tóxica, tem de ter cuidado para os animais não a beberem, pois, se beberem, morrem".

No dia seguinte, pela manhã, a família começava a trabalhar com a massa da mandioca já enxuta. Antonio, com ênfase, ressalta: "Tinha de ir trabalhar bem nutrido, inclusive com leite, pois o produto tem um cheiro muito forte".

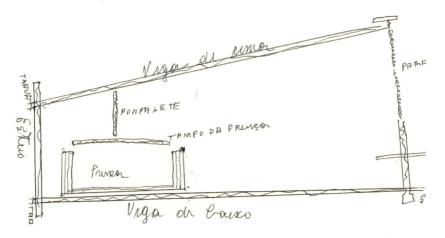

FIGURA 1. DESENHO DE ANTONIO QUE DEMONSTRA
A PRENSAGEM DA MASSA DA MANDIOCA.

DA MASSA À FARINHA, UM RITUAL QUE RETRATA UMA TRADIÇÃO DE FAMÍLIA

Bem cedo, aqueciam, à lenha, o alguidar, uma espécie de tacho grande de ferro. Retiravam a massa da prensa, passavam-na em uma peneira de palha artesanal e jogavam-na no alguidar, então aquecido, mas em fogo brando para a massa ir enxugando aos poucos. Puxava-se a massa com o rodo de madeira para perto do mexedor de farinha e, com as duas palhetas (espécies de pás de madeira que funcionam como uma extensão das mãos para manusear a farinha quente durante o preparo), jogavam uma quantidade de farinha para cima para ela entrar em contato com o ar. Voltavam ao fogo e colocavam um pouco mais de lenha para aumentar a temperatura. Depois, continuavam aumentando o fogo e mexendo a massa: "Não podia parar, até a massa ficar uma farinha torradinha", lembra Antonio. Quando ela estava quase "zanzada", ou seja, com menor teor de umidade que a observada após a peneiragem crua, mas antes que o ponto final tivesse sido atingido, voltavam a massa ao forno e retiravam duas lascas de lenha, para reduzir a temperatura do alguidar. Aquela massa zanzada era empurrada para o assento do alguidar, uma espécie de bancada de alvenaria ao lado do alguidar. A essa altura, o fogo já estava com a temperatura reduzida. Colocavam mais massa e repetia-se o processo até ficar toda a massa zanzada. Juntavam a zanzada, que estava ao lado, para dentro do alguidar novamente e continuavam mexendo e jogando com as palhetas para cima. Antonio faz os movimentos como se realmente estivesse a fazer farinha e ensinando a fazê-la: "Corria lá embaixo (abaixo do alguidar colocava-se a madeira para alimentar o fogo) e aumentava o fogo e continuava mexendo a farinha. Não podia parar. Puxava a farinha para perto e jogava para cima. Aquela farinha, quando está secando, quando é jogada para cima, expele uma goma que cai no seu corpo, acredito que ela alimente a pele". Antonio refere-se à satisfação em estar semelhante à farinha. Ele conta: "Sabíamos o ponto, jogando um punhadinho na boca para ver se estava torrada ou não". Quando estava pronta, baixavam o fogo, retiravam a farinha torrada e continuavam o processo até o final do dia, quando se concluía a produção da farinha. "Quando aprendi a fazer farinha, não pensava isso, mas, hoje, eu tenho certeza de que é um ritual", relata, emocionado, Antonio. E lembra: "Os menores iam aprendendo com os pais a fazer farinha, e eu, quando fiz farinha e saiu uma farinha boa, com o elogio dos pais, eu me senti um trabalhador realizado".

O FABRICO DOS BEIJUS E DA TAPIOCA

Terminado o preparo da farinha, após cerca de dezoito horas, iniciava-se o trabalho só das mulheres: o preparo dos beijus. Para isso, o alguidar deveria estar em fogo brando, temperado com água de tapioca para não ficar muito liso. Primeiro, faziam o beiju de massa misturado com tapioca, depois, o beiju de coco, o beiju de folha (na folha da bananeira), o beiju mole, o lenço e vários outros tipos. Antonio descreve que, por último, faziam a farinha de tapioca, espalhando a tapioca ainda úmida por todo o recipiente e, depois, retirando-a, assim, ela saía quebradinha. Para se fazer puba, as raízes de mandioca eram colocadas em um lago, a aproximadamente

20 centímetros abaixo da lâmina da água, para os porcos e galinhas não comerem. Por cima, era colocada uma pedra para elas não flutuarem. "Depois de oito dias, retirávamos as raízes da mandioca. A casca de fora saía todinha; colocávamos, então, numa peneira e passávamos a mão até ficarem somente os farelos que não prestavam. Essa massa era deixada numa peneira coberta com um pano ao sol para secar. Depois de seca, estava pronta para fazer cuscuz com coco e bolo de puba. Realizado esse processo, estávamos felizes, pois tínhamos alimentos para oito dias." É possível percebermos quanto significavam os produtos da mandioca para essa família, que, certamente, não era diferente de muitas outras da época.

A UTILIZAÇÃO DA FARINHA E DEMAIS PRODUTOS DA MANDIOCA

Antonio conclui: "Após esfriar, a farinha já estava boa para comer". Em todas as refeições, ela estava presente. Antonio conta que, pela manhã, cada um tinha direito a uma porcelana de leite com café e um prato com leite e farinha e beiju ou abóbora, ou batata, ou mandioca. Ao meio-dia, cada um recebia um prato com um pouco de escaldado (água quente com farinha e um pouquinho de sal), um pouco de feijão com toucinho, um pouco de salada (tomatinho da roça e serralha – folha comum na região) e um pouco de farinha. À noite, novamente, uma porcelaninha de café com leite e um prato de leite com farinha. Se alguma pessoa amanhecesse com dor de barriga por haver comido demais, primeiro, tomava um chá de alumã (boldo baiano, a *Vernonia condensata*) e, horas depois, comia um angu (farinha fina com água quente) e carne de sol. Para fazer o angu, a farinha era sessada entre os dedos para cair somente a parte fininha dela. Antonio relata com emoção: "Achava lindo minha mãe sessar a farinha entre os dedos" e, enquanto fala, encena, como se refizesse a preparação. "A farinha não podia faltar em nenhuma refeição. Desde o plantio, todos participavam e tinham suas funções definidas no ritual, do fazer ao comer a farinha."

Farofas e pirões

*Elmo Alves Silva e Jane de Albuquerque Melo Figueirêdo**

Batizada como a rainha do Brasil pelo folclorista Luís da Câmara Cascudo, a farinha de mandioca é um produto genuinamente brasileiro, que está presente em sua cultura gastronômica nas mais variadas formas de utilização. Na região Nordeste, mais especificamente na Bahia, a farinha de mandioca é uma verdadeira princesa, utilizada tanto em pratos emblemáticos, como a farofa de dendê, como acompanhamento fundamental de muitos pratos da culinária típica.

As diversas denominações que a farinha de mandioca recebe decorrem da localização em que é produzida, de sua produção (técnicas utilizadas) e conforme a sua comercialização. Assim, recebeu nomes como: branca, amarela, de copioba, d'água, de foguete, etc.

O patrimônio culinário baiano atende aos mais exigentes e sofisticados gostos. Seus elementos, que são dos mais diversificados, não agem apenas como um aglutinador gastronômico, mas também como um aglutinador social.

Na Bahia, a farinha de mandioca se caracteriza não só como um gênero alimentício, mas por todo um conjunto de práticas e relações que se estabelecem por meio de sua produção e utilização, o que demonstra a sua importância cultural e social. A farinha de mandioca faz parte do cotidiano alimentar do baiano em vários pratos e produções culinárias, além de ter

---

* Jane de Albuquerque Melo Figueirêdo colaborou com as receitas das páginas 123-128.

conquistado importante papel na culinária afro-religiosa, estando presente nos banquetes dos orixás, com farofas, pirões e papas que se ofertam às divindades africanas.

A nossa tão apreciada farinha de mandioca também não pode faltar em produções culinárias cotidianas como farofas, pirões, feijoada, sarapatel, moquecas, dobradinhas e xinxim de bofe, além de tantos outros pratos que têm a carne-seca como elemento principal, uma vez que essa combinação é indissociável.

Mais que qualquer alimento, a farinha de mandioca acompanhou a formação do povo brasileiro e do povo baiano, sendo fruto até mesmo de revoltas, por conta de sua escassez, como a ocorrida em Salvador no século XIX, no início de 1857, chamada "Revolta da Farinha".

Na Bahia, até ao famoso prato nacional composto de feijão com arroz é acrescida a farinha, passando a ser feijão com arroz e farinha. A farinha é, com certeza, um dos maiores elementos identitários da nossa cultura. Ela é "utilizada" até mesmo em alguns ditos populares: "Deus dá a farinha, e o diabo fura o saco"; "Com pimenta e farinha boa, não tem comida ruim"; "Farinha pouca, meu pirão primeiro".

Trazemos, a seguir, para o deleite de todos, diversas produções culinárias que têm a farinha de mandioca na sua composição. Receitas de farofas e pirões vindas de diferentes fontes.

Para auxiliar na dosagem correta de líquidos nas receitas a seguir, há, na página 129, duas tabelas de equivalência.

FAROFAS E PIRÕES

Angu de farinha de mandioca

AS PREPARAÇÕES À BASE DE FARINHA E CALDOS COMO O ANGU, O PIRÃO E
O ESCALDADO SERÃO DIFERENCIADAS PELO PONTO DE PREPARAÇÃO, PELA
FORMA DE COZIMENTO E PELA QUANTIDADE DE FARINHA UTILIZADA.

1 ℓ de água
Sal
300 g de farinha de mandioca fina

Ferver a água com sal a gosto. Quando a água alcançar a fervura, colocar a farinha de
mandioca, pouco a pouco, misturando sempre com a colher para não embolar. Deixar
cozinhar por cerca de 6 minutos.
Acompanha a carne-seca.

Farinha de mandioca

Cambexe

O CAMBEXE É PREPARADO NO CURRAL E É O PRIMEIRO
ALIMENTO DOS TIRADORES DE LEITE NAS FAZENDAS DA
CAATINGA, MAS PODE SER SERVIDO NO CAFÉ DA MANHÃ.

1 kg de carne de sol
400 mℓ de leite
80 g de farinha de mandioca

Grelhar a carne, cortar em iscas e reservar.

O cambexe é um pirão de leite preparado a partir do leite de vaca lançado diretamente do seu peito, por ocasião da ordenha, sobre punhados de farinha colocados no fundo de uma cuia. O calor do líquido, à temperatura natural do úbere da vaca, é o necessário para provocar um semicozimento da farinha. Uma variação seria usar leite morno. Acrescentar a farinha de mandioca ao leite morno envolvendo-os até obter-se uma consistência de pirão. Em seguida, adicionar à carne reservada.

FAROFAS E PIRÕES

Escaldado

O ESCALDADO É UM ACOMPANHAMENTO FREQUENTE NA COZINHA
SERTANEJA. PARENTE PRÓXIMO DO PIRÃO, O ESCALDADO, MESMO
SENDO ACOMPANHAMENTO, CHEGA A DAR SEU NOME AOS PRATOS QUE
ACOMPANHA. ASSIM, E POR ISSO, ALGUNS PRATOS SÃO CHAMADOS
DE ESCALDADOS, COMO O ESCALDADO DE PEIXE, O ESCALDADO DE
PERU, O ESCALDADO DE BACALHAU. O ESCALDADO, DIFERENTEMENTE
DO PIRÃO, É O RESULTADO DO COZIMENTO INCOMPLETO QUANDO SE
LANÇA MOLHO OU CALDO EM UM PUNHADO DE FARINHA DE MANDIOCA.
O ESCALDADO NÃO É MEXIDO, COMO ACONTECE COM O PIRÃO.

300 g de farinha de mandioca
1 ℓ de caldo (molho) de alimento cozido (aves, peixes, legumes, carnes, etc.).

Colocar a farinha de mandioca no fundo de uma vasilha de modo que ela fique bem
espalhada, mas com mais ou menos 2 cm de altura. Logo após, acrescentar sobre a
farinha o caldo ainda quente, umedecendo a sua superfície.
O escaldado não é mexido como o pirão, mas é preciso que seja feito de modo rápido
para que o caldo penetre em toda a farinha.

FARINHA DE MANDIOCA

Farofa-d'água ou farofa crua

A FAROFA-D'ÁGUA É UM DOS ACOMPANHAMENTOS DE
MAIOR PRESENÇA NA MESA SERTANEJA DA BAHIA.

300 g de farinha de mandioca
Sal
1 cebola em rodelas
50 g de coentro picado
100 ml de água quente

Espalhar a farinha de mandioca em um recipiente. Misturar com o sal, a cebola e o
coentro. Borrifar a água quente na mistura, buscando homogeneizar tudo, evitando
que ela crie gomos.

FAROFAS E PIRÕES

Farofa da vovó

RECEITA MUITO COMUM NAS DÉCADAS DE 1950 A 1980, QUANDO ESSA
MISTURA FAZIA PARTE DA MERENDA DOS BAIANOS. UMA VEZ QUE A
FARINHA ERA O QUE O BAIANO TINHA DE SOBRA EM SUA CASA.

500 g de farinha de mandioca
150 g de rapadura e/ou açúcar mascavo
250 g de coco ralado (bem fino)
Sal

Bater, no pilão, a farinha de mandioca com a rapadura até se obter uma mistura homogênea. Em seguida, adicionar o coco ralado e o sal a gosto.

FARINHA DE MANDIOCA

Farofa baiana

90 ml de azeite de dendê
150 g de carne de fumeiro (carne de porco defumada) em cubos
50 g de cebola picada
2 bananas da terra cortadas em rodelas
50 g de coentro picado
50 g de cebolinha picada
350 g de farinha de mandioca

Refogar no azeite bem quente a carne de fumeiro, a cebola picada e as bananas em rodelas. Deixar fritar bem e acrescentar o coentro e a cebolinha. Para finalizar, acrescentar a farinha de mandioca aos poucos até obter uma farofa bem seca.
Obs.: se preferir, adicione 3 pimentas-dedo-de-moça picadas.

FAROFAS E PIRÕES

Farofa de couve

2 maços de couve cortada em tiras finas
60 g de manteiga ou manteiga de garrafa
50 g de cebola picada
300 g de farinha de mandioca

Lavar as folhas de couve e cortar em tiras bem finas. Refogar na manteiga bem quente com a cebola picada. Misturar em fogo baixo. Adicionar a farinha de mandioca até a farofa ficar bem sequinha.
Acompanha carnes assadas.

FARINHA DE MANDIOCA

Farofa de dendê (farofa amarela)

80 g de cebola picada
100 ml de azeite de dendê
40 g de camarão seco
400 g de farinha de mandioca

Refogar a cebola no azeite, acrescentar os camarões secos e a farinha de mandioca.
Acompanha xinxim de galinha e moquecas.

FAROFAS E PIRÕES

Farofa de linguiça e banana

½ kg de linguiça de porco
50 mℓ de óleo
50 g de cebola picada
2 dentes de alho picados
3 bananas nanicas cortadas em rodelas
50 g de cebolinha picada
Sal
300 g de farinha de mandioca

Cortar a linguiça em pedaços e fritar no óleo juntamente com a cebola e o alho. Acrescentar as bananas, a cebolinha e o sal. Misturar bem e colocar a farinha aos poucos até obter uma farofa.

FARINHA DE MANDIOCA

Farofa de sabiá

ESTA RECEITA É MUITO APRECIADA NO SERTÃO BAIANO. DESTACA-SE PELA
UTILIZAÇÃO DA CARNE-SECA E DO LEITE, QUE, ALÉM DE AGREGAR UM
SABOR ESPECIAL, SERVE PARA REDUZIR O SABOR PICANTE DA PIMENTA.

100 ml de azeite de oliva
100 g de cebola picada
1 pimenta-dedo-de-moça (amassada)
100 g de pimentão verde cortado em cubos
100 g de pimentão vermelho cortado em cubos
200 g de carne-seca assada e desfiada
500 g de farinha de mandioca
500 ml de leite fervido
Sal

Refogar a cebola no azeite de oliva. Acrescentar a pimenta, o pimentão verde, o pimentão vermelho, a carne-seca assada e deixar refogar por 10 minutos. Adicionar a farinha de mandioca, misturando até dourar. Em seguida, adicionar o leite fervido. Temperar com sal e servir.
Acompanha frango assado ou carne assada.

FAROFAS E PIRÕES

Pirão de frango

1 kg de coxa ou peito de frango
2 dentes de alho amassados
Sal
50 m*l* de óleo
50 g de cebola picada
30 g de coentro picado
800 m*l* de água
150 g de farinha de mandioca

Limpar os pedaços de frango e temperar com alho e sal. Fritar no óleo quente até dourar. Acrescentar a cebola e o coentro. Cobrir com a água e deixar ferver por 20 minutos. Diminuir o fogo e retirar o frango. Desfiar o frango e colocar de volta na panela. Acrescentar a farinha de mandioca aos poucos, misturando sem parar, até obter um pirão.

FARINHA DE MANDIOCA

Pirão de leite com queijo coalho

1 ℓ de leite
150 g de farinha de mandioca
50 g de manteiga
30 g de cebola ralada ou picada
100 g de queijo coalho cortado em cubos ou ralado

Dissolver a farinha no leite frio (o que vai formar um pirão). Reservar. Refogar a cebola na manteiga, acrescentar o pirão reservado e deixar no fogo até engrossar. Finalizar colocando o queijo coalho por cima e servir quente.
Acompanha carne de sol acebolada.

FAROFAS E PIRÕES

Pirão de ovos

1 ℓ de caldo de galinha (feito com aparas)
30 g de cebola picada
30 g de tomate picado
30 g de coentro picado
6 ovos
300 g de farinha de mandioca
Sal

Em uma panela, colocar o caldo de galinha para ferver. Em seguida, acrescentar a cebola, o tomate e o coentro; deixar ferver por cerca de 10 minutos em fogo baixo. Acrescentar os ovos um a um, misturando sempre para envolvê-los bem no conjunto. Acrescentar a farinha aos poucos para não embolar. Corrigir o sal. Deixar cozinhar por 5 minutos.

FARINHA DE MANDIOCA

Pirão de praieiro

DITO POPULAR: "PEIXE ASSADO, PEIXE ENSOPADO,
MOQUECA, TUDO PEDE UM PIRÃO!".

1 cabeça de peixe (grande) ou aparas de peixes (robalo, garoupa, namorado)
3 dentes de alho amassados
Suco de 1 limão
1 pimenta-malagueta picada (opcional)
2 colheres (sopa) de coentro picado
Sal

PARA O CALDO:
3 colheres (sopa) de azeite
1 cebola ralada ou bem picada
4 a 5 tomates sem pele e sem semente picados
½ pimentão verde picado
2 colheres (sopa) de cebolinha picada
2 colheres (sopa) de salsinha picada
1 folha de louro
2 xícaras (chá) de farinha de mandioca
Água

Lavar a cabeça de peixe e temperar com o alho, o suco de limão, a pimenta-malagueta, o coentro e o sal a gosto.
Para fazer o caldo:
No azeite quente, refogar a cebola, o tomate, o pimentão verde, a cebolinha, a salsinha e a folha de louro. Em seguida, colocar a cabeça de peixe junto com os temperos usados como marinada. Refogar bem. Adicionar água (2 litros aproximadamente) em quantidade suficiente para deixar a cabeça de peixe coberta. Cozinhar até que a cabeça comece a soltar pedacinhos de carne e o caldo esteja mais concentrado.
Numa peneira, coar o caldo e deixar reservados os pedacinhos de carne. Levar o caldo novamente ao fogo (fogo baixo). Ajustar o sal. Quando começar a ferver, colocar a farinha de mandioca, aos poucos, mexendo sempre, até conseguir engrossar o pirão. Juntar os pedacinhos de carne, mexer e servir imediatamente.

Dica: se o pirão ficar ralo, ponha um pouco mais de farinha.
Acompanha peixe ao leite de coco ou escaldado de peixe.

FAROFAS E PIRÕES

RECEITAS DE FAROFAS DO RECÔNCAVO BAIANO

Farofa-d'água com bacon e cebola

RECEITA DA LOCALIDADE DE AMÉLIA RODRIGUES.

100 g de bacon picado em pedaços pequenos
2 colheres (sopa) de óleo
200 g de cebola ralada
½ xícara (chá) de água morna
2 xícaras (chá) de farinha de mandioca
Sal a gosto

Fritar o bacon no óleo, acrescentar a cebola ralada e deixar dourar bem. Apagar o fogo e colocar a água morna. Acrescentar, em seguida, as duas xícaras de farinha de mandioca e mexer bem. Acrescentar o sal a gosto, se necessário. Serve quatro porções.

FARINHA DE MANDIOCA

Farofa de banana-da-terra
RECEITA DA LOCALIDADE DE SANTO AMARO.

½ xícara (chá) de óleo
1 cebola média ralada
2 bananas-da-terra cortadas em cubos
2 xícaras (chá) de farinha de mandioca
Sal a gosto

Refogar a cebola no óleo, acrescentar as bananas e as duas xícaras de farinha de mandioca. Adicionar sal a gosto e mexer bem. Serve quatro porções.

FAROFAS E PIRÕES

Farofa de cuscuz e couve

RECEITA ELABORADA A PARTIR DA CRIATIVIDADE DA COZINHA DO
TRARIPE ESPAÇO CULTURAL ECOLÓGICO.

1 linguiça calabresa (tamanho médio) cortada em cubos
3 colheres (sopa) de manteiga
2 tomates médios picados
1 pimentão pequeno picado
1 cebola bem picada
1 maço de couve
3 xícaras (chá) de sobras de massa de cuscuz de milho (ou pode-se preparar a massa
com esse objetivo)
1 xícara (chá) de farinha de mandioca
Sal a gosto

Colocar a calabresa junto com a manteiga na frigideira e deixa dourar; acrescentar os
tomates, o pimentão, a cebola e a couve cortada em tirinhas. Quando os ingredientes
estiverem cozidos, esfarelar o cuscuz. Refogar para integrar os sabores e, por último,
acrescentar a farinha de mandioca e o sal. Serve de quatro a seis porções.

Receita do cuscuz de milho
PARA UM CUSCUZEIRO MÉDIO: 4 PORÇÕES

2 xícaras (chá) de milho tipo "flocão"
1 xícara (chá) de água
Sal a gosto

Em um recipiente, colocar o milho e o sal. Acrescentar a água aos poucos, mexendo bem até hidratar a massa. Transferir essa massa/mistura para o cuscuzeiro. Quando a água começar a ferver, baixar o fogo e deixar o cuscuz cozinhar. Estará pronto quando, ao enfiar uma faca seca na massa, o utensílio sair praticamente limpo.

FAROFAS E PIRÕES

Farofa "de mãe" temperada

ESTA FAROFA FAZ PARTE DO CARDÁPIO DO TRARIPE ESPAÇO
CULTURAL ECOLÓGICO. É UMA RECEITA DAS LOCALIDADES
DE AMÉLIA RODRIGUES E SANTO AMARO.

2 tomates médios
½ pimentão
1 cebola média
½ xícara (chá) de óleo
3 colheres (sopa) de vinagre
Sal a gosto
2 xícaras (chá) de farinha de mandioca
Coentro picado a gosto

Cortar o tomate, a cebola e o pimentão em tiras e refogar com o óleo; temperar com
o vinagre e o sal. Deixar dourar, colocar a farinha e o coentro e mexer. Serve quatro
porções.

FARINHA DE MANDIOCA

Farofa de verduras

2 colheres (sopa) de manteiga
1 cebola ralada
2 cenouras pequenas, cozidas e cortadas em cubos
1 chuchu médio, cozido e cortado em cubos
3 batatas, cozidas e cortadas em cubos
2 maços de couve cortada em tirinhas
2 xícaras (chá) de farinha de mandioca
Sal a gosto

Colocar a cebola e a manteiga em banho-maria. Quando a cebola murchar, acrescentar os vegetais, a farinha de mandioca e o sal. Mexer para integrar os ingredientes. Serve de quatro a seis porções.

TABELA 1. EQUIVALÊNCIAS – SÓLIDOS

Medida	Equivalência
1 pitada	½ de colher (chá)
1 colher (sopa)	3 colheres (chá)
¼ de xícara (chá)	4 colheres (sopa)
⅓ de xícara (chá)	5 colheres (sopa) mais 1 colher (chá)
½ xícara (chá)	8 colheres (sopa)
1 xícara (chá)	16 colheres (sopa)

TABELA 2. EQUIVALÊNCIAS – LÍQUIDOS

Medida	Capacidade
1 xícara (chá)	240 mℓ
½ xícara (chá)	120 mℓ
⅓ xícara (chá)	80 mℓ
¼ xícara (chá)	60 mℓ
2 xícaras (chá)	½ ℓ
4 xícaras (chá)	1 ℓ
1 colher (sopa)	15 mℓ
Algumas gotas	2 ou 3 gotas

REFERÊNCIAS BIBLIOGRÁFICAS

FERNANDES, C. *Viagem gastronômica através do Brasil.* 7ª ed. São Paulo: Editora Senac São Paulo, 2005.

LODY, R. (org.). *Dendê: símbolo e sabor da Bahia.* São Paulo: Editora Senac São Paulo, 2009.

MACIEL, M. E. "Uma cozinha à brasileira". Em *Estudos Históricos*, nº 33, Rio de Janeiro, jan.-jun. de 2004.

RADEL, G. *A cozinha sertaneja da Bahia: as origens, a evolução e as receitas da cozinha sertaneja baiana.* Salvador: Guilherme Radel, 2002.

Farinha de copioba e seu potencial para indicação geográfica (IG)

Janice Izabel Druzian, Carolina Oliveira de Souza,
Diego Roberto da Cunha Pascoal e Itaciara Larroza Nunes

INTRODUÇÃO

Muitos países recém-industrializados têm setores agrícolas relativamente ineficientes, que são protegidos por tarifas de importação íngremes. Essas tarifas são programadas para desaparecer sob uma sequência de incrementos de cortes ao longo do tempo, como determina a Organização Mundial do Comércio (OMC) e vários acordos bilaterais e plurilaterais de livre-comércio (OMC, 1994). Apesar de o livre-comércio de bens agrícolas aumentar o bem-estar econômico global, pelo menos a partir da perspectiva da teoria do comércio clássico, produtores que operam em mercados protegidos têm boas razões para se opor à eliminação de tarifas de importação (Addor & Grazioli, 2002).

A expansão da indústria, o crescimento dos serviços como geradores de trabalho e o avanço na difusão do conhecimento, juntamente com o desenvolvimento das tecnologias, projetaram a propriedade intelectual como uma riqueza importante do patrimônio das pessoas naturais e jurídicas. Ao lado dos bens materiais, os ativos intangíveis, como as marcas, patentes e indicação geográfica (IG), cada vez têm mais valor. A propriedade intelectual protegida pelo direito permite a exclusividade da utilização do seu objeto, o que assegura benefício econômico aos seus titulares (Caldas *et al.*, 2005a; Caldas *et al.*, 2005b). Em alguns casos, portanto, existem certas estratégias que podem ser tomadas para minimizar, ou mesmo neutralizar, o impacto da liberalização do comércio, como a representação gráfica da IG no rótulo do produto. A ideia de IG surgiu pela primeira vez entre os países europeus, a partir do século XVII, pois eles possuíam muitos produtos regionais internacionalmente competitivos e com longas histórias e tradições, sendo necessários mecanismos para protegê-los (Origin, 2002). De acordo com Lillywhite *et al.* (2005), a primeira convenção internacional sobre IG foi a Convenção de Paris para a Proteção da Propriedade Industrial (1883), seguida pelo Acordo de Madri para a Repressão de Indicações Falsas ou Enganosas das Fontes de Mercadorias (1891) e do Acordo de Lisboa para a Proteção das Denominações de Origem e seu Registro Internacional (1958). Na OMC/TRIPS (ou ADPIC, de Aspectos dos Direitos da Propriedade Intelectual) de 1995, surgiu o primeiro acordo sobre as IGs com efeitos vinculativos, em que a retaliação unilateral é permitida em casos nos quais o acordo é violado (Mascus, 2000). A OMC/TRIPS tornou juridicamente obrigatórias as proteções legais das IGs em 1995, com poder legal em relação a todos os países-membros, trinta a partir de 1996 e cerca de setenta economias em desenvolvimento a partir de 2000 (Babcock & Clemens, 2004; Watal, 2001; World Intellectual Property Organization, 2006).

O acordo da OMC/TRIPS define IG como uma indicação que identifica um produto como originário do território de um país, ou uma região ou localidade desse território, em que a qualidade, reputação ou outra característica do produto seja essencialmente atribuída à sua origem geográfica. Distingue-se uma IG de outras indicações, tais como marca ou certificação de qualidade, uma vez que a IG requer a condição de que a qualidade ou a característica do produto seja basicamente atribuída ao meio geográfico de onde o produto originou-se (Harte-Bavendamm, 2000).

FARINHA DE COPIOBA E SEU POTENCIAL PARA INDICAÇÃO GEOGRÁFICA (IG)

Um nome de um lugar no rótulo ou vinculado a um determinado produto proporciona significativa informação sobre a qualidade, características, identidade ou notoriedade desse bem ou produto. Tradicionalmente, os produtores na Europa designavam o produto pelo nome da região de sua produção, em razão da dependência entre as características do produto e fatores como o solo, o clima e o modo de fazê-lo. Exemplos notáveis incluem o *champagne* (vinho espumante proveniente daquela região francesa), o vinho do porto, os magníficos vinhos tintos da região de Bordeaux, o presunto de parma, os queijos *roquefort* e *grana padano*, o uísque *scotch*, entre outros (Addor & Grazioli, 2002; Babcock & Clemens, 2004; Lagares, Lages & Braga, 2006; Suh & Macpherson, 2007; Tonietto, 2003).

Esse estilo de consumo mundial nos países desenvolvidos é uma variável que deve ser incorporada no processo de produção local de países em desenvolvimento, o que pode vir a se tornar uma variável de desenvolvimento local, pois agrega valor à produção e à forma de fazer, aumentando a autoestima dos que produzem e melhorando sua qualidade de vida (Ferraz Sexto, 2001).

Vale salientar que, apesar da grande gama de produtos potenciais, ainda não existe IG concedida para um produto produzido na Bahia. Nessa perspectiva, considera-se que as localidades do estado devem se adequar a essa nova realidade e, para isso, a organização dos produtores, a uniformização da produção com critérios de qualidade, a forma de elaboração do processo produtivo, o *marketing* local/regional e a articulação dos processos de comercialização são atividades que devem ser implementadas.

Como as IGs estão relacionadas com a representação gráfica na rotulagem, é necessário qualificar a produção segundo as normas e leis vigentes, além da organização dos atores sociais da produção no território (Falcade *et al.*, 1999). Uma IG requer a unificação de produtores e processadores dentro de uma região fortemente especificada e identificada, organizando-se e sendo representados legalmente por uma entidade de classe. Existem três critérios críticos no julgamento da concessão de uma IG. Primeiro, a qualidade do produto deve ser bem reconhecida, devendo ser apresentada prova documental para comprovar a notoriedade do produto, como dados históricos encontrados em antigos documentos ou testemunhos, jornais, artigos ou registros premiados. Em segundo lugar, o produto da região deve ser diferenciado dos produtos de outras regiões, por meio de dados objetivos, como dados sobre a composição do produto. Em terceiro lugar, a qualidade, reputação ou outras características do produto devem ser originários da área geográfica particular e/ou fatores humanos da região. Em outras palavras, o produto deve ser significativamente afetado por fatores geográficos regionais, como clima, solo, terreno, ou fatores humanos, tais como métodos de produção exclusivos.

INDICAÇÕES GEOGRÁFICAS BRASILEIRAS

O Brasil, como um dos membros da OMC, harmonizou as suas legislações nacionais de propriedade intelectual e direitos de propriedade, inclusive a IG, começando a conceder esse tipo de proteção a partir de 1999, regulamentada pela Lei nº 9.279/96, a Lei de Propriedade Industrial. O Instituto Nacional de Propriedade Industrial (Inpi) é a entidade responsável pelo recebimento do pedido, pelo exame e pela concessão (Instituto Nacional de Propriedade Industrial, 2012; Organização Mundial do Comércio, 1994).

Como na França, o primeiro produto a ser beneficiado com uma IG no Brasil foi o vinho (Addor & Grazioli, 2002; Babcock & Clemens, 2004; Profeta *et al.*, 2009; Profeta *et al.*, 2010), tendo ela sido concedida em 2002 para vinhos da Serra Gaúcha do Vale dos Vinhedos (Instituto Nacional de Propriedade Industrial, 2012). Desde então, as ações nacionais de promoção e disseminação da cultura de IG não tinham sido capazes de aumentar o rol de produtos protegidos, visto que, no país, em dezesseis anos da Lei de Propriedade Industrial somente treze estados (50%) têm produtos com IG. Apenas recentemente essas ações parecem ter começado a se tornar mais efetivas, uma vez que 50% das IGs brasileiras foram concedidas em 2011 e

FARINHA DE COPIOBA E SEU POTENCIAL PARA INDICAÇÃO GEOGRÁFICA (IG)

2012. Segundo Druzian & Nunes (2012), o aumento das IGs é exponencial também em nível mundial (Profeta *et al.*, 2009; Profeta *et al.*, 2010).

Entre as primeiras IGs brasileiras reconhecidas pelo Inpi, além do vinho do Vale dos Vinhedos e da carne do Pampa Gaúcho da Campanha Meridional, ambas do Rio Grande do Sul, podem ser citadas também as do café da Região do Cerrado Mineiro, e da cachaça artesanal de Paraty, entre as 35 formalmente concedidas até 22 de outubro de 2012 (Instituto Nacional de Propriedade Industrial, 2012). Portanto, produtos do RS e de MG detêm 41% das IGs concedidas (figura 1). Merece destaque o estado do Rio de Janeiro, com quatro IGs concedidas em 2012. Vale salientar também que das 35 IGs concedidas, 63% são de produtos alimentícios e 37% incluem produtos artesanais (artesanato em capim dourado, panelas de barro, peças em estanho, mármore, opalas preciosas e joias artesanais), couros acabados e seu processamento como calçados e produtos têxteis em algodão colorido.

No Brasil, as IGs regulamentadas pela Lei de Propriedade Industrial são classificadas em indicação de procedência (IP) e denominação de origem (DO). As IPs diferem das DOs pelo seu caráter particular e de qualidade da produção. Na IP considera-se o nome geográfico de país, cidade, região ou localidade de seu território, que tenha se tornado conhecido como centro de extração, produção ou fabricação de determinado produto ou de prestação de determinado serviço, enquanto, na DO, considera-se o nome geográfico de país, cidade, região ou localidade de seu território, que designe produto ou serviço cujas qualidades ou características se devam exclusiva ou essencialmente ao meio geográfico, incluídos fatores naturais e humanos. Pode-se dizer que as IPs são um instrumento de organização local da produção, e as DOs são um instrumento de organização qualitativa do processo de produção. Das IGs brasileiras concedidas pelo Inpi a maioria é de IPs (76%) e apenas 24% são DOs (Lei nº 9.279/96; Instituto Nacional de Propriedade Industrial, 2012).

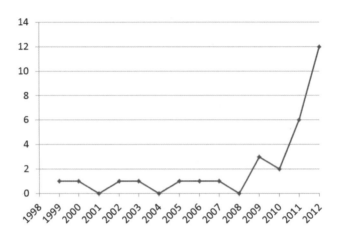

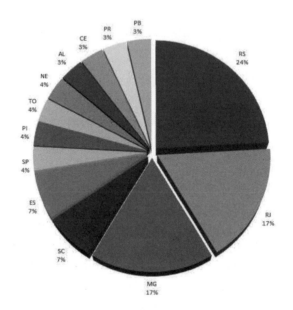

FIGURA 1. DISTRIBUIÇÃO DAS IGs BRASILEIRAS CONCEDIDAS PELO INPI ATÉ 22 DE OUTUBRO DE 2012 EM FUNÇÃO DO ANO DE CONCESSÃO E DO ESTADO.

Fonte: adaptada de Druzian & Nunes (2012).

Apesar do potencial agropecuário e agroindustrial dos pequenos produtores da Bahia, não existe nenhuma IG concedida para produtos desse estado. Esse cenário deve mudar em função das políticas nacionais e estaduais que vêm incentivando levantamentos dos produtos com potencial de IGs, fomentando projetos e desempenhando um papel importante na disseminação da cultura de proteção da propriedade intelectual no país. Entre os produtos alimentícios baianos com potencial para IG destaca-se a farinha de mandioca de copioba (Branco *et al.*, 2012a; Branco *et al.*, 2012b; Druzian & Nunes, 2012; Matos *et al.*, 2012a; Matos *et al.*, 2012b; Santos *et al.*, 2012).

FARINHA DE MANDIOCA

A mandioca (*Manihot esculenta Crantz*) é originária das regiões neotropicais da América do Sul (Carvalho, 2002) e, de acordo com os dados da Organização das Nações Unidas para a Alimentação e a Agricultura (FAO, 2011), foi cultivada em mais de cem países até 2008. Sua abrangência está relacionada às características de certa rusticidade da cultura e também ao fato de ser utilizada tanto para a alimentação animal e humana quanto como insumo para indústrias, a exemplo da química e da papeleira, ou mesmo para biocombustíveis. Em 2008, a produção mundial de mandioca totalizou 232,9 milhões de toneladas (FAO, 2011), sendo 26,7 milhões de toneladas produzidas no Brasil (IBGE, 2010).

O Brasil, com 10% da produção mundial de mandioca, ocupa a segunda posição nesse *ranking*, apresentando um acréscimo de 0,6% em relação ao total produzido em 2007 (IBGE, 2010), sendo também o seu principal centro de diversificação (Carvalho, 2002). E, por ser uma cultura tolerante à seca, destaca-se principalmente na região de clima semiárido do Brasil. A região Nordeste detém a maior fatia da produção nacional, com 37,5%, seguida pelas regiões Norte (27,6%), Sul (19,9%), Sudeste (8,9%) e Centro-Oeste (6,1%). Entre os estados, o Pará lidera o *ranking* nacional na produção de raiz de mandioca, com participação de 18,2%, seguido pela

Bahia, com 16,6%, pelo Paraná, com 12,6%, e pelo Maranhão, com 6,7% (IBGE, 2010).

De acordo com a FAO (2011), a mandioca é a terceira fonte mais importante de calorias para a alimentação em áreas tropicais, depois do arroz e do milho, havendo milhões de pessoas que dependem desse alimento na África, Ásia e América Latina. Em geral, o cultivo é feito por pequenos produtores, para os quais a mandioca é vital, tanto na alimentação quanto na geração de renda.

A produção brasileira de mandioca é voltada para três principais formas de consumo: a farinha feita com a mandioca brava (acima de 100mg de HCN/kg de raiz fresca sem casca); o amido, também denominado fécula, polvilho ou goma; e o consumo fresco, no qual são empregadas as raízes cujo teor de HCN é de 50 ppm ou menos (mandioca mansa, aipim ou macaxeira) (Campos & Santos, 2010).

Na Bahia, o cultivo da mandioca e a produção de farinha compreendem uma tradição sem, contudo, mostrar muitos avanços tecnológicos. Em função desse quadro, e por envolver a agricultura familiar de subsistência, a cadeia da mandioca constitui atualmente um dos objetos de atenção das políticas públicas.

A farinha de mandioca é definida como o produto obtido das raízes provenientes de plantas submetidas a processo tecnológico adequado de fabricação e beneficiamento (Ministério da Agricultura, do Abastecimento e da Reforma Agrária, 1995). Aproximadamente 20% da mandioca produzida no Brasil são destinados à fecularia, e mais de 80% para a produção de farinha. Historicamente, no país, o cultivo e o uso da farinha de mandioca na alimentação associam-se à cultura indígena, com registros desde o período do descobrimento, incorporados aos hábitos alimentares dos portugueses e, posteriormente, integrados também à alimentação dos negros escravizados, passando a compor um dos elementos de identidade da cultura alimentar brasileira (Cereda & Vilpoux, 2003; Chisté *et al.*, 2006).

O consumo médio de mandioca no Brasil é de 1kg/pessoa/ano, enquanto o consumo de farinha de mandioca chega a 3,7 kg/pessoa/ano (FAO, 2011).

Portanto, o cultivo da mandioca constitui atividade de importância social e econômica, na medida em que contribui para a alimentação de milhões de pessoas e que gera recursos, sobretudo, para famílias de baixa renda, nas regiões Norte e Nordeste (Guimarães *et al.*, 2009; Ramos, 2007). Estima-se que, na fase de produção primária e no processamento da farinha e fécula, seja gerado um milhão de empregos diretos. A atividade mandioqueira proporciona receita bruta anual equivalente a US$ 2,5 bilhões, e a produção da farinha, a US$ 600 milhões (Oliveira & Rebouças, 2008).

Considerando-se a farinha de mandioca como principal produto da agricultura familiar da Bahia, no que se refere aos pequenos produtores, ressalta-se primeiramente a sua contribuição alimentar, em função do valor energético do produto e dos seus derivados, além da ampla comercialização desses produtos, ainda que falte uma padronização das técnicas de produção. Nesse contexto, embora sejam insuficientes as estatísticas sobre a atividade, é consenso a grande produção artesanal de farinha de mandioca em casas de farinha e a necessidade de se prover sustentabilidade à atividade nos estados do norte e nordeste do país (Souza *et al.*, 2008).

Símbolo também da monocultura predominante dos municípios do Recôncavo Baiano, as casas de farinha ganharam destaque devido à diferenciação da farinha ao longo do tempo, sem, entretanto, terem avançado no sentido da modernização. Algumas avançaram sim na mecanização com a introdução de motores movidos a eletricidade e a óleo diesel, mas muitas ainda utilizam o sistema rudimentar. Esses sistemas artesanais são muito valiosos para manter a originalidade e o sabor original da farinha. No entanto, a preocupação é com a questão da higiene e da qualidade, que, na maioria dos casos, são relegadas a segundo plano pelos pequenos produtores, indicando falta de conhecimento e/ou falta de condições de investimento no negócio (Ramos, 2007).

As diferentes designações populares conferidas à farinha de mandioca estão diretamente relacionadas à qualidade desta e também ao destaque que a farinha ganhou ao longo do tempo, em especial a farinha de copioba.

FARINHA DE COPIOBA

Farinha de copioba é uma denominação antiga da farinha produzida no Vale da Copioba, que corta os municípios de Nazaré, Maragojipe e São Felipe, na Bahia, e que ganhou notoriedade no passado graças à produção de farinha de mandioca de melhor qualidade e aceitação no mercado. É uma farinha mais fina e mais seca, do tipo biscoitada, processada de modo diferente (muito cozida e dura) para ser mantida por um longo tempo (até um ano). Era usada nas jornadas com tribos inimigas pelos portugueses, para sustento dos escravos e nas viagens marítimas, o que lhe valeu a denominação de "farinha de guerra". A farinha de mandioca produzida com a mesma técnica indígena servia para abastecer a frota e foi amplamente utilizada pelos municípios produtores para o pagamento de contribuições à metrópole (Santos, 1997; Santos, 2003). Atualmente se mantém a denominação farinha de copioba para designar farinha de boa qualidade, isto é, de granulação fina, cor amarelada e bem torrada, e os municípios do Vale da Copioba e do Recôncavo Baiano, região que contorna a Baía de Todos os Santos, ainda mantêm o destaque por produzi-la (Figura 2). A farinha de copioba é conhecida e comercializada até hoje com essa denominação em vários locais do país (Galvão *et al.*, 2005), com destaque sempre para a qualidade diferenciada, que pode se dar tanto pelas condições geográficas e climáticas do Vale da Copioba quanto pelo processo diferenciado, ou por ambos.

A divisão regional para uma IG não coincide necessariamente com a divisão administrava, porque, mesmo dentro de um município ou distrito, diferentes áreas podem proporcionar diferentes características a um determinado produto, como a área adjacente ao mar e a área abaixo da montanha de um município podem ser diferentes em termos de atributos geográficos. Por outro lado, uma determinada condição geográfica (vale, colina, entre outros) pode pertencer a vários municípios (Giunchetti, 2006; Tonietto, 2003). Portanto, no processo de encaminhamento do pedido de IG da farinha de copioba ao Inpi, é preciso definir a delimitação geográfica do produto.

Na perspectiva gastronômica, a culinária do Vale da Copioba e do Recôncavo Baiano está focada na utilização da farinha de mandioca, incluindo-se aí seu consumo como farofa com as mais variadas formulações, que acompanha pratos à base de frutos do mar, peixes, mariscos, carne de sol, carne-seca, entre outros, e preparados como moquecas e ensopados. As localidades e cidades do Vale da Copioba e do Recôncavo ganharam destaque popular pela larga produção de farinha de mandioca, mas hoje

TÍPICA CASA DE FARINHA DE NAZARÉ, NA BAHIA.
Foto: Diego Roberto da Cunha Pascoal.

FIGURA 2. DIVISÃO MUNICIPAL DO RECÔNCAVO BAIANO
E DO VALE DA COPIOBA, QUE CORTA OS MUNICÍPIOS
DE NAZARÉ, MARAGOJIPE E SÃO FELIPE.
Fonte: adaptada de Silva et al. (2006).

têm outras atividades e possuem magnífico patrimônio cultural e turístico (Silva, 2005; Coutinho, 2012), estando este muito aquém do potencial da região e podendo ser incrementado por meio da IG de farinha de copioba, já que uma IG é moldada no transcurso do tempo em que um produto vinculado a uma origem (território) ganhou notoriedade comprovada.

Apesar do reconhecimento popular da qualidade da farinha de copioba, pouco se conhece sobre o seu processo de produção e as características que a diferenciam das demais farinhas. Dessa forma, um projeto implementado pela Universidade Federal da Bahia (UFBA) em parceria com o Sindicato dos Trabalhadores Rurais de Nazaré busca avaliar a qualidade, a identidade

FARINHA DE COPIOBA E SEU POTENCIAL PARA INDICAÇÃO GEOGRÁFICA (IG)

e a notoriedade da farinha de mandioca de Nazaré como uma contribuição à IG do produto, apoiado pela Fundação de Amparo à Pesquisa do Estado da Bahia (Fapesb TSC 0027/2011) – Edital 21/2011, inaugurando a implantação de uma política pública de extrema valia na Bahia e aliando uma equipe técnico-científica à prospecção tecnológica e à intervenção social a partir da IG (Branco *et al.*, 2012a; Branco *et al.*, 2012b).

No âmbito do projeto, estão previstas a construção de indicadores para subsidiar o pedido de IG da farinha de mandioca do Vale da Copioba e a avaliação dos impactos de desenvolvimento decorrentes do projeto, além do apoio organizacional aos produtores dessa região. Uma equipe interdisciplinar elaborou instrumentos quantitativos e qualitativos para levantamento de dados, que foram submetidos a um Comitê de Ética em Pesquisa e serão aplicados aos produtores/trabalhadores da cadeia produtiva da farinha, o que possibilitará descrever o perfil sociodemográfico da coletividade, antes e depois da qualificação e concessão da IG. Esse método compreende uma inovação na área e permitirá a avaliação de impactos socioeconômicos da IG na vida dos produtores e trabalhadores de farinha. As abordagens qualitativas, tais como entrevistas etnográficas, a eles aplicadas visam resgatar a memória local e a valorização do produto.

Nesse projeto, estão sendo desenvolvidas análises dos parâmetros físico-químicos, microbiológicos e sensoriais das farinhas de mandioca do Vale da Copioba e do seu processo produtivo. Um questionário referente às boas práticas de fabricação (BPF) de alimentos avaliará as casas de farinhas, auxiliando na identificação das unidades que possuem as melhores práticas de produção e de higiene (Branco *et al.*, 2012a), de modo que possam ser utilizadas como referência e, por meio de ações de educação popular, difundidas e harmonizadas em atividades vinculadas a políticas públicas associadas à Empresa Brasileira de Pesquisa Agropecuária (Embrapa-RJ/BA) e ao Serviço Brasileiro de Apoio às Micro e Pequenas Empresas (Sebrae) na Bahia, em etapa anterior ao pedido de IG, produzindo, dessa forma, dados para o futuro regulamento de uso da qualificação.

Esse conjunto de dados e abordagens ajudará na reconstituição da memória local e na constituição do processo de pedido de IG, assim como permitirá o conhecimento dos atores locais da cadeia produtiva da farinha, oportunizando a intervenção social, com auxílio científico e técnico-organizacional aos produtores de farinha de mandioca, para o estabelecimento da organização responsável pela futura IG (Branco *et al.*, 2012a).

DESCRIÇÃO DA TECNOLOGIA DE PRODUÇÃO DA FARINHA DE MANDIOCA

Em linhas gerais, o processamento industrial das raízes de mandioca para a elaboração de farinha compreende dez etapas: recepção das raízes, lavagem, descascamento, ralagem, prensagem, desintegração, torrefação, peneiragem, acondicionamento e armazenagem, sendo todas as etapas realizadas sem interrupções (Chisté *et al.* 2006; Matos *et al.*, 2012a; Santanna & Miranda, 2004).

As farinhas produzidas artesanalmente no Vale da Copioba passam por essas mesmas etapas, com exceção da etapa de lavagem. Segundo Branco *et al.* (2012a), o que se observa nas casas de farinha de Nazaré é um processo descontínuo, no qual a massa de mandioca triturada fica exposta por um longo período à temperatura ambiente, sobretudo na etapa relativa à prensagem, resultando em fermentação espontânea e, consequentemente, aumento da acidez do produto.

As fotos 2.1 a 2.9 mostram as etapas de processamento artesanal da farinha do Vale da Copioba.

O trabalho em uma casa de farinha é bem definido; todos participam na raspa, mas o descasque da mandioca é tarefa principalmente das mulheres, das crianças e dos adolescentes. Os trabalhadores externos à família podem ajudar, havendo um pagamento de aproximadamente 8 kg de mandioca por dia de trabalho. A raspa pode ser efetuada no dia da produção de farinha ou no dia anterior. Os homens ficam com as etapas da produção que

ETAPA 1 – RECEPÇÃO DAS RAÍZES.
Foto: Janice Izabel Druzian. Projeto UFBA/Fabesp.

ETAPA 2 – DESCASCAMENTO.
Foto: Diego Roberto da Cunha Pascoal. Projeto UFBA/Fabesp.

ETAPA 3 – RALAGEM.
Fotos: Diego Roberto da Cunha. Projeto UFBA/Fabesp.

ETAPA 4 – PRENSAGEM.
Foto: Diego Roberto da Cunha Pascoal. Projeto UFBA/Fabesp.

ETAPA 5 – DESINTEGRAÇÃO.
Foto: Diego Roberto da Cunha Pascoal. Projeto UFBA/Fabesp.

ETAPA 6 – TORREFAÇÃO.
Foto: Janice Izabel Druzian. Projeto UFBA/Fabesp.

ETAPA 7 – PENEIRAGEM.
Foto: Janice Izabel Druzian. Projeto UFBA/Fabesp.

ETAPA 8 – ACONDICIONAMENTO.
Foto: Diego Roberto da Cunha Pascoal. Projeto UFBA/Fabesp.

ETAPA 9 – ARMAZENAGEM.
Foto: Janice Izabel Druzian. Projeto UFBA/Fabesp.

necessitam maior esforço físico, as quais envolvem o deslocamento da matéria-prima ao longo das etapas de processamento, como moer a mandioca e prensá-la. Se demorar mais do que um dia para o término do trabalho, geralmente, a massa é repassada na máquina de moer para, em seguida, ir ao forno de torrefação, ser peneirada e ensacada (Branco *et al.*, 2012a).

Apenas a casa de farinha municipal de Nazaré é totalmente fechada com alvenaria. O fechamento das casas de farinha, assim como melhores formas de armazenamento e beneficiamento da mandioca entre a raspa e a moenda, são perspectivas possíveis para os projetos de harmonização das casas de farinha, pois se trata de maneiras de evitar a proximidade de animais do espaço produtivo e também de evitar a fermentação da mandioca, melhorando-se as práticas de produção. Identificou-se também que, em Nazaré, as casas de farinha são isoladas da cidade e ligadas, em sua maioria, por estradas de barro, sendo as caminhadas ou animais de carga os meios de transporte mais utilizados, o que é um real problema para a distribuição do produto. Apenas uma das casas de farinha das dez primeiras visitadas dispõe de um caminhão para o transporte do produto. Dessa forma, os produtores de farinha de mandioca têm pouco controle da distribuição do produto, ficando com uma parte do lucro menos significativa do que os distribuidores. A maior parte desconhece o destino do produto, informando que os distribuidores levam o produto aos mercados locais e supermercados.

Em uma mesma região produtora de farinha de mandioca, pode-se encontrar uma heterogeneidade de produtos entre os fabricantes. Se o único processo de produção da farinha fosse o artesanal, ou a mandioca fosse de uma variedade específica, poder-se-ia pressupor algo como ocorre com os queijos e vinhos europeus e suas regiões demarcadas. Há muitas respostas a serem buscadas, considerando-se que a matéria-prima (raiz/mandioca) pode ser oriunda de outras regiões e/ou municípios e, provavelmente, o método de fabricação varia muito, incluindo mecanização ou não. Por outro lado, pressupõe-se que a técnica primitiva do processamento da farinha

Farinha de mandioca

COMERCIALIZAÇÃO DA FARINHA DE MANDIOCA
EM FEIRA NA CIDADE DE NAZARÉ.
Foto: Ícaro Ribeiro Cazumbá da Silva.

regional tenha sido muito diferente da atual, mas ainda deve ser praticada no Recôncavo Baiano.

Para uma IG é necessário esclarecer não só o modo tradicional como uma farinha é produzida, mas também as condições de inocuidade do processo de produção. Entende-se que é inaceitável a presença de contaminantes químicos, físicos ou biológicos na matéria-prima ou em produtos semiacabados ou acabados e a não conformidade com o padrão de identidade e qualidade (PIQ) ou com o regulamento técnico estabelecido para cada produto, além das demais legislações vigentes. Embora as áreas de atuação não estejam exatamente delimitadas, no caso dos produtos de origem vegetal, o setor produtivo fica a cargo do Ministério da Agricultura, Pecuária e Abastecimento, e os setores de industrialização e comercialização são de responsabilidade do Ministério da Saúde, por meio da Agência Nacional de Vigilância Sanitária (Anvisa). Para a comercialização, está também envolvida a Secretaria da Justiça, Cidadania e Direitos Humanos (SJCDH), pelo Código de Defesa do Consumidor. Existem também outros órgãos governamentais, como o Instituto Nacional de Metrologia (Inmetro), o Ministério do Desenvolvimento, Indústria e Comércio Exterior e o Ministério do Turismo, que exercem ações em regulamentos técnicos metrológicos, coordenam o Codex Alimentarius e também o Programa Brasileiro de Avaliação da Conformidade (Agência Nacional de Vigilância Sanitária, 1997, 1998, 2001, 2002a, 2002b, 2003a, 2003b, 2003c; Ministério da Saúde, 1993; Sarmento, 2010).

Tendo em vista a simplicidade ou a natureza mais ou menos artesanal dos procedimentos de obtenção da farinha, alguns estudos têm levantado preocupações quanto à qualidade higiênica das farinhas de mandioca da Bahia, pois, apesar de a baixa atividade de água limitar o crescimento de contaminantes biológicos, elevadas contagens de *Bacillus cereus* foram encontradas em farinhas produzidas em duas unidades de processamento da zona rural do Recôncavo Baiano, indicando que o tempo e a temperatura da torrefação não foram suficientes para destruí-los (Santanna & Miranda 2004). Além disso, um diagnóstico higiênico-sanitário direcionado às unidades de processamento da farinha de mandioca no sudoeste da Bahia mostrou 100% de inconformidade das unidades em todos os requisitos avaliados, comprovando a necessidade de medidas corretivas, que visem garantir a inocuidade e a saúde do consumidor (Oliveira & Rebouças, 2008).

Portanto, o processo de obtenção de farinha de mandioca deve estar sujeito às normas gerais de processamento de alimentos, que são ferramentas e procedimentos que devem ser aplicados desde as etapas de implantação até a operacionalização de unidades artesanais ou industriais. Tais medidas visam assegurar a qualidade, expandir a vida útil e, principalmente, minimizar problemas de segurança que possam colocar em risco a saúde do consumidor.

O IMPACTO DA CONCESSÃO E IMPLEMENTAÇÃO DE IGs NO LOCAL DE PRODUÇÃO

Apesar da crescente importância da IG no desenvolvimento regional, no Brasil, existem poucas pesquisas sobre o impacto de uma IG na revitalização ou no estímulo das economias regionais. Como a inserção social e a preservação ambiental estão fortemente associadas às IGs, elas podem ser consideradas precursoras do desenvolvimento sustentável de uma região ou comunidade. Nunes *et al.* (2012) demonstraram que as IGs podem ser responsáveis pelo desenvolvimento econômico, financeiro e social de determinadas regiões ou mesmo facilitá-lo. Os autores abordaram aspectos conceituais e de legislação sobre IGs, os inúmeros benefícios econômicos, sociais e ambientais que trazem uma IG, a necessidade da organização no campo e as demandas por políticas públicas que incentivem a criação de novas IGs brasileiras e desenvolvam as já existentes.

Se a agricultura deve agregar valor e gerar riqueza, as IGs constituem-se em uma opção concreta para uma nova etapa de desenvolvimento do agronegócio brasileiro, por meio de uma nova geração de produtos típicos e tradicionais, com qualidade diferenciada em nível nacional e internacional. Assim, para os produtores associados, a obtenção da IG pode ampliar mercados, agregar valor aos produtos, gerar mais empregos, movimentar a economia local, mas, também, preservar o saber fazer, permitindo que os produtores continuem no campo e que haja uma expectativa para seus filhos e netos sem que estes precisem ir para a cidade para sobreviver. Para essas pequenas regiões menos desenvolvidas, o reconhecimento de uma IG constitui uma alternativa de inserção no mercado diante da impossibilidade de os pequenos produtores competirem com as grandes empresas, principalmente as do agronegócio (Vieira *et al.*, 2012).

O estado da Bahia caracteriza-se por concentrar, na região metropolitana de Salvador, a produção e, consequentemente, a população e o consumo estadual em detrimento dos territórios interioranos. Portanto, para a desconcentração da produção é de fundamental importância garantir níveis de bem-estar social adequados à nova perspectiva do desenvolvimento sustentável (Ferraz Sexto, 2001; Cuenca *et al.*, 2009). Uma das possibilidades para enfrentamento da questão no setor da farinha de mandioca é identificar os produtores de farinha de copioba que atendem aos critérios de qualidade exigidos por legislação e os parâmetros que caracterizam a notoriedade do produto, conduzindo à instituição da IG dessa farinha. A IG agregará qualidade e valor ao produto, desencadeando um processo que contribuirá para o aumento do Índice de Desenvolvimento Humano (IDH) e do Produto Interno Bruto (PIB) local, com consequente redução dos desequilíbrios socioterritoriais.

O Recôncavo Baiano apresenta uma enorme diversidade cultural, além das construções seculares que contam a história do nosso país. Segundo Amiden Neto (2004), o subaproveitamento do potencial das cidades do Recôncavo Baiano é visível, e a proximidade com Salvador pode favorecer o desenvolvimento turístico.

As parcerias que estão se estabelecendo em torno da IG da farinha de copioba apoiarão a mobilização dos produtores rurais, sua organização em uma associação que possa representar juridicamente a coletividade dos fabricantes do produto junto ao Inpi, o estabelecimento do regulamento da IG, além da elaboração formal do pedido de IG, e permitirão também a avaliação de impactos socioeconômicos da IG na vida dos produtores de farinha. As abordagens qualitativas aplicadas visam resgatar a memória local e a valorização do produto.

A IG da farinha de copioba pode ser uma ferramenta útil para alcançar e garantir a diferenciação do produto frente ao consumidor e aumentar a eficiência econômica. Além disso, as IGs como concessão de direitos exclusivos a comunidades regionais se constituem em métodos eficazes para a preservação da cultura e herança regionais. O desenvolvimento da cultura regional por meio de IGs não só impulsiona a produção, a renda e o emprego como também aumenta a identidade e a imagem da região em questão, pois o *marketing* direcionado, próprio de uma especialidade e peculiaridade regional, resulta em maior competitividade (Babcock & Clemens, 2004; Caldas, 2003; Caldas, 2004; Caldas *et al.*, 2005ab; Caldas & Otero, 2002; Lagares *et al.*, 2006; Ramos & Fernandes, 2012). Os meios de comunicação (jornais e tevê) exercem efeitos fundamentais por conta do apoio na divulgação dos processos. Como resultado, a notoriedade do produto é ampliada em um sistema que integra os setores primário (cultivo), secundário (transformação ou processamento) e terciário (consumo do produto e de produtos secundários por causa do aumento do turismo).

A inovação é entendida como a aplicação de novos conhecimentos ou invenções que resultam em melhoria ou modificação dos processos para a produção de novos bens. O aprimoramento desses processos produtivos pode se constituir na aplicação prática de um invento na transformação ou na melhoria de determinado produto, mas consistir ainda na reformulação dos processos de gestão do trabalho, o que pode conferir nova feição à organização interna do processo produtivo. No cenário de produtos agrícolas e/ou agroindustriais, a qualidade e a rastreabilidade alimentar constituem quesitos fundamentais, visto que figuram como as principais reivindicações do consumo alimentar mundial. Logo, torna-se premente reconhecer o direito do consumidor de conhecer a qualidade, as características de produção e a procedência do que está consumindo. Para atender a essas exigências, regiões e localidades passam por processo de reestruturação/ estruturação em sua base local de produção, revisitando o seu território, identificando as suas potencialidades e descobrindo novas formas produtivas, visando se adequarem às novas exigências do mundo globalizado (Druzian & Nunes, 2012).

O IMPACTO DE UMA IG SOBRE A FARINHA DE COPIOBA

Apesar de a farinha de mandioca ter desempenhado um papel relevante no processo de formação e organização do espaço brasileiro em diversas escalas (Cuenca *et al.*, 2009; Guimarães *et al.*, 2009), o seu mercado atual ainda é bastante limitado. Uma das estratégias para ampliar o mercado é informar ao consumidor o modo de produção, a qualidade e a procedência do produto, bem como as formas de comercializá-lo e distribuí-lo.

Os gargalos sanitários e técnicos constituem uma questão central para as agroindústrias familiares. Nesse processo, os produtos de qualidade inferior buscam melhorar a qualidade e manter um padrão. Considerando-se que os produtores locais compartilham os mesmos processo e cultura, a comunicação entre eles é facilitada para a obtenção de um entendimento comum. Um ou dois produtos que não atendam às exigências de qualidade, quer as legislações específicas do produto, quer as estipuladas para a IG, podem danificar a imagem de todos. Portanto, a avaliação e o monitoramento da qualidade funcionam como uma espécie de pressão e desempenham um papel importante para o controle de qualidade (Alvarenga, 2006; Ministério da Agricultura, Pecuária e Abastecimento, 2010).

Buscando identificar o grau de conformidade das farinhas de copioba comercializadas em feiras de Salvador com os padrões estabelecidos, os resultados preliminares do projeto implementado pela UFBA com nove amostras de farinhas amarelas do tipo copioba de quatro feiras distintas foram relatados por Matos *et al.* (2012a). Constatou-se que a umidade foi o único parâmetro com 100% de conformidade (<13%) e que diferencia estatisticamente ($p<0,05$) farinhas do tipo copioba das do tipo copioba especial. Entretanto esse parâmetro de diferenciação pode ser bastante subjetivo, uma vez que está relacionado também à absorção de água durante a distribuição e/ou o armazenamento. Cinzas, fibras e amido apresentaram 88,89%, 55,56% e 88,89% de conformidade, respectivamente. Das amostras colhidas 33,33% foram consideradas pouco ácidas, e 66,67%, muito ácidas, com 1,81 a 2,44 meqNaOH/100g e 3,21 a 4,71 meqNaOH/100g, respectivamente. Os valores de umidade, cinzas, fibras, amido e acidez total dessas amostras de farinhas coletadas em Salvador mostram diferenças estatisticamente significativas (p < 0,05) entre si, indicando uma alta heterogeneidade do processo (tabela 1).

TABELA 1. VALORES MÉDIOS DO TEOR DE UMIDADE, CINZAS, FIBRAS, AMIDO E ACIDEZ TOTAL DAS FARINHAS DE MANDIOCA TIPO COPIOBA DAS FEIRAS LIVRES DE SALVADOR.

Farinha	Amostras	Umidade (%)	Cinzas (%)	Fibras (%)	Amido (%)	Acidez total (meqNaOH/100g)
Copioba especial	2	$7,04\pm0,09^{bc}$	$0,84\pm0,01^{bc}$	$0,92^{h}$	$90,55\pm2,57^{a}$	$4,17\pm0,02^{b}$
	5	$4,68\pm0,10^{d}$	$0,70\pm0,00^{bc}$	$2,47^{c}$	$84,79\pm1,10^{b}$	$4,71\pm0,05^{a}$
	9	$4,71\pm0,10^{d}$	$0,75\pm0,03^{c}$	$2,37^{d}$	$83,27\pm1,06^{b}$	$1,81\pm0,05^{f}$
Média ± DP[1]	Copioba especial	$5,47\pm1,17^{*}$	$0,80\pm0,11$	$1,92\pm0,75$	$86,00\pm3,23$	$3,55\pm1,33$
Copioba	1	$7,68\pm0,06^{a}$	$0,87\pm0,00^{bc}$	$2,56^{b}$	$86,29\pm1,14^{ab}$	$3,25\pm0,01^{d}$
	3	$6,81\pm0,13^{c}$	$0,98\pm0,02^{b}$	$0,89^{i}$	$83,46\pm2,98^{b}$	$3,80\pm0,05^{c}$
	4	$7,26\pm0,17^{b}$	$0,65\pm0,02^{c}$	$1,02^{f}$	$84,85\pm3,30^{b}$	$3,54\pm0,07^{c}$
	6	$7,98\pm0,14^{a}$	$1,70\pm0,07^{a}$	$2,72^{a}$	$88,02\pm1,18^{ab}$	$1,83\pm0,02^{f}$
	7	$4,65\pm0,05^{d}$	$0,70\pm0,01^{c}$	$0,95^{g}$	$78,99\pm0,95^{c}$	$2,44\pm0,04^{e}$
	8	$6,89\pm0,10^{c}$	$0,77\pm0,02^{bc}$	$1,13^{e}$	$84,79\pm1,10^{b}$	$3,21\pm0,03^{d}$
Média ± DP**	Copioba	$6,87\pm1,11^{*}$	$0,94\pm0,36$	$1,54\pm0,80$	$84,31\pm3,21$	$3,01\pm0,69$
Legislação***	-	< 13	$\leq 1,40$	$\leq 2,3$	< 80	≤ 3 (baixa), > 3 (alta)

Médias seguidas da mesma letra na mesma coluna não diferem entre si no nível de 5% pelo teste de Tukey.

* $p < 0,05$.

** DP: desvio-padrão.

*** INSTRUÇÃO NORMATIVA nº 52 (2011).

Fonte: Matos *et al.* (2012a).

Matos *et al.* (2012a) também relatam que 66,66% dessas farinhas de copioba de feiras livres de Salvador foram classificadas como finas; 22,22%, como médias, e 11,11%, como grossas (Instrução Normativa nº 52, 2011). Quanto ao tipo, apenas 44,44% (quatro amostras) das farinhas foram enquadradas em uma das classificações determinadas pela legislação, sendo 11,11% do tipo I; 33,33%, do tipo II; e 55,55% (cinco amostras) foram enquadradas como fora do tipo. A diferença estatisticamente significativa dos diferentes parâmetros entre as amostras de farinhas de copioba comercializadas em feiras de Salvador e o baixo percentual (44,44%) de atendimento a todos os parâmetros estabelecidos pela legislação (Instrução Normativa nº 52, 2011) indicam a falta de padronização e/ou adulteração do produto, resultado da mistura de farinhas de mandioca comum à de copioba, que lesa o consumidor (Matos *et al.*, 2012a).

A coloração amarelo-clara, uma das principais características das farinhas de mandioca, resulta da matéria-prima e/ou do processamento, entretanto uma coloração amarela de intensidade mais acentuada pode ser obtida pela adição de corantes. Matos *et al.* (2012b) caracterizaram as nove farinhas de mandioca do tipo copioba comercializadas em quatro feiras de Salvador quanto à cor (escala CIELab) e à presença de corantes (cromatografia em papel). O componente L* variou de 84,12 a 89,69; a*, de -7,30 a -4,77; e b*, de 32,95 a 60,76, mostrando grande variação na luminosidade, nas tonalidades e nas intensidades fortes, resultantes da provável adição de corantes. Foi identificada a presença do corante artificial amarelo tartrazina em 55,55% das amostras e do corante natural cúrcuma nas demais, representando uma alteração da identidade do produto, associada a um risco à saúde do consumidor no caso do uso da tartrazina.

O baixo atendimento das farinhas de copioba oriundas de feiras livres de Salvador aos critérios estabelecidos pela legislação reflete as dificuldades enfrentadas pelos produtores para garantir a qualidade físico-química e a padronização do produto. O controle de qualidade das etapas de produção da farinha de copioba é de fundamental importância a fim de que a legislação seja cumprida. Apesar da notoriedade da farinha de copioba, não existem parâmetros que definam sua identidade, impedindo uma diferenciação em relação às demais farinhas de mandioca.

Apesar de nas feiras utilizar-se a denominação "copioba" para designar melhor qualidade, esses resultados foram comparados aos de amostras coletadas em casas de farinha do Vale da Copioba, a fim de, por meio da rastreabilidade, garantir-se a identidade da farinha de copioba, contribuindo para a chancela de uma IG que a diferencie das demais farinhas no mercado consumidor. Santos *et al.* (2012), avaliaram os parâmetros de identidade e qualidade de nove amostras de farinhas de copioba originárias do Vale da Copioba, e quatro do tipo comum de fora do vale (tabela 2).

Os parâmetros de umidade, cinzas, amido e acidez estão em conformidade com a legislação (Instrução Normativa nº 52, 2011) (tabela 2), e oito amostras (90%) apresentaram acidez elevada (superior a 3%). A maioria dos parâmetros analisados também apresentou diferença significativa (p>0,05) quando comparadas as amostras entre si; com exceção do amido, no entanto, nenhum parâmetro apresentou diferença significativa (p>0,05) quando comparadas as médias das farinhas de copioba e comum. A grande heterogeneidade e acidez elevada são decorrentes principalmente da descontinuidade do processo produtivo e da fermentação da massa, características de farinhas artesanais, mas a acidez, juntamente com a crocância relacionada à baixa umidade, tem sido associada à identidade da farinha de copioba por causa da maior aceitação do produto.

Quanto à granulometria, todas as nove amostras da tabela 2 foram classificadas como da classe fina, indicando uma maior homogeneidade da farinha se comparadas as de feiras livres de Salvador (tabela 1). Apesar do atendimento à legislação por parte da farinha de mandioca oriunda das casas de farinhas, ao contrário das originárias de feiras livres de Salvador, existe a necessidade da correlação com dados sensoriais de amostragens mais representativas para uma análise discriminatória da farinha de copioba e da implantação das BPF para padronização da produção.

Vale ressaltar também a necessidade de uma amostragem maior, mas estudos preliminares (Matos *et al.*, 2012a; Matos *et al.*, 2012b; Santos *et al.*, 2012) mostram que as adulterações das farinhas de mandioca do tipo

TABELA 2. PARÂMETROS DAS FARINHAS DOS TIPOS COPIOBA E COMUM. TRÊS (1, 2 E 3) DE CASAS DE FARINHAS DO VALE DA COPIOBA, DUAS DO TIPO COPIOBA (4 E 5), E QUATRO DO TIPO COMUM (6, 7, 8 E 9) DAS FEIRAS LIVRES DE NAZARÉ/BA.

	N	U	Cz	L	P	C	pH	Aw	Ac	Am
Copioba	1	4,85±0,001[e]	0,97±0,03[d]	0,75±0,38[a]	1,20±0,61[b]	92,22	4,68	0,121±0,003[g]	6,95±0,30[b]	90,89±0,94[a]
	2	6,08±0,001[b]	1,10±0,02[c]	0,56±0,03[cd]	1,45±0,04[a]	90,81	5,89	0,209±0,002[c]	3,66±0,08[d]	89,49±1,38[a]
	3	5,61±0,001[c]	1,09±0,01[c]	0,43±0,01[df]	0,50±0,02[e]	92,37	6,42	0,149±0,002[f]	2,13±0,06[e]	89,44±1,04[a]
	4	6,47±0,001[a]	1,01±0,02[d]	0,40±0,01[f]	0,92±0,03[c]	91,21	5,01	0,236±0,003[b]	5,78 ±0,27[c]	88,72±0,75[a]
	5	4,68±0,001[e]	0,87±0,01[e]	0,62±0,02[b]	1,28±0,04[b]	92,55	4,65	0,169±0,009[e]	12,50 ±0,70[a]	86,93±1,54[ab]
Média		5,54[a]	1,01[a]	0,55[a]	1,07[a]	91,83[a]	5,33[a]	0,17[a]	6,20[a]	89,09[a]
Comum	6	3,67±0,002[f]	1,18±0,03[a]	0,60±0,01[bc]	0,82±0,03[d]	93,73	4,88	0,097±0,005[h]	5,48 ±0,28[c]	88,79±3,67[a]
	7	5,74±0,001[c]	0,91±0,04[d]	0,56±0,01[cd]	1,01±0,04[c]	91,74	4,84	0,200±0,002[cd]	6,64 ±0,14[b]	84,52±3,85[ab]
	8	5,17±0,002[d]	1,14±0,04[ab]	0,53±0,02[d]	0,60±0,03[e]	92,52	4,75	0,190±0,005[d]	6,88 ±0,07[b]	86,01±0,92[ab]
	9	6,63±0,002[a]	1,10±0,01[bc]	0,47±0,01[e]	0,96±0,01[c]	90,82	4,81	0,250±0,003[a]	7,10 ±0,18[b]	80,30±1,76[b]
Média		5,34[a]	1,09[a]	0,54[a]	0,85[a]	92,15[a]	4,82[a]	0,18[a]	6,52[a]	84,90[a]

N = número de amostras, U = umidade (%), Cz = cinzas brutas (%), L = lipídios totais (%), P= proteína bruta (%), C = carboidrato (%), Aw = atividade de água, Ac = acidez total (meqNaOH/100 g), Am = amido (%).

Médias acompanhadas pela mesma letra não apresentam diferença significativa no teste de Tukey (p < 0,05).

Fonte: Santos *et al.* (2012).

copioba consumidas em Salvador não são oriundas do processamento e sim da distribuição do produto. Faz-se necessário também caracterizar a tecnologia de fabricação para elucidar os resultados obtidos, além de ser preciso complementar as classificações obtidas com a análise da presença de cascas e entrecascas, características sensoriais, matéria estranha e perfil microbiológico. Dessa forma, a farinha de copioba teria todos os seus parâmetros identificados e enquadrados nas normas vigentes.

A caracterização das farinhas de copioba torna-se imprescindível para a construção de sua identidade, e, diante dos resultados obtidos, o tipo de IG mais indicado seria o de indicação de procedência (IP) em vez de denominação de origem (DO). Independentemente do tipo de IG, para sua concessão, é necessário comprovar que a identidade e a notoriedade da farinha são obtidas por meio da qualidade do processo, sendo, portanto, necessário que as BPF e um sistema de gestão de qualidade estejam implantados, de forma a garantir o enquadramento do produto final frente aos critérios estabelecidos por seu PIQ específico, sendo este um dado de qualidade importante para uma futura IG, uma vez que assegura ao consumidor que se trata de um produto de qualidade e com características determinadas. No caso da DO, a identificação de parâmetros de qualidade padronizados e dentro do que rege a legislação específica do alimento torna-se imprescindível, uma vez que, nesse tipo de IG, os resultados analíticos do produto devem permitir a reprodutibilidade em lotes distintos e possuir, assim, valores identificados, comprovando-se a superioridade da qualidade frente a similares vendidos no mercado (Matos *et al.*, 2012a).

Os resultados preliminares indicam também que o uso de motores de segunda geração para a moenda e torrefação da farinha de mandioca, a adequação da estrutura física das casas de farinha e melhores formas de armazenamento da mandioca entre a raspa e a moenda são perspectivas possíveis para os projetos de harmonização das casas de farinha, pois são maneiras de melhorar tanto a higiene no espaço produtivo como as práticas de produção. Além dessas medidas, as casas de farinha poderão incorporar

FARINHA DE COPIOBA E SEU POTENCIAL PARA INDICAÇÃO GEOGRÁFICA (IG)

ao processo produtivo a peneiração de segurança com detector de metais, máquinas desinfetadoras para quebrar ovos de insetos, processos de seleção de limpeza que usem recursos de separação por peso específico e cor e, ainda, a raspagem e escovação das raízes de mandioca. Todas essas aplicações estão disponíveis e sabe-se que as casas de farinhas estão dispostas a investir nessas melhorias (Branco *et al.*, 2012a).

Assim, a obtenção da IG seria um passo fundamental para assegurar a origem, agregar valor ao produto, promover o desenvolvimento do turismo na região e o investimento na base produtiva local, por meio da transferência de tecnologia, do incentivo à organização dos produtores e de sua capacitação, buscando o desenvolvimento da criatividade e o reconhecimento do trabalho realizado e elevando a autoestima dos atores sociais envolvidos em todos os processos da cadeia produtiva. Portanto, além dos parâmetros físico-químicos, os padrões microscópicos, microbiológicos, macroscópicos, organolépticos, de rotulagem geral e nutricional de alimentos embalados, a informação nutricional complementar, as boas práticas agrícolas (BPA) e as BPF abrangem um conjunto de medidas que devem ser atendidas ou adotadas pelos processadores de farinhas de copioba, a fim de garantirem a qualidade sanitária e a conformidade desse produto com os regulamentos técnicos, como previsto nos projetos em andamento (Agência Nacional de Vigilância Sanitária,1997, 1998, 2001, 2002a, 2002b, 2003a, 2003b, 2003c; Alvarenga, 2006; Instituto Adolfo Lutz, 1995; Ministério da Saúde, 1993).

Uma das formas de destacar a farinha de copioba no mercado por meio da IG é a incorporação de uma representação gráfica no rótulo que a diferencie das demais farinhas existentes no mercado. Assim, garante-se efetivamente sua rastreabilidade e assegura-se ao consumidor a aquisição de um produto de melhor qualidade. Caldas (2004) e Ramos & Fernandes (2012) relatam que o aumento da qualidade dos produtos e a interação entre os produtores da mesma região geográfica da indicação promovem a troca de conhecimento, base para a inovação. Como resultado desse controle de qualidade e de iniciativas de gestão, a superioridade do produto acaba sendo continuamente reconhecida entre os consumidores. Por outro lado, a melhoria da qualidade por meio da IG pode ser um elemento crítico, pois, caso o reconhecimento dos consumidores dos produtos não aumente, a comercialização local e o turismo podem ficar comprometidos.

Atualmente, muitas políticas locais vêm tentando solidificar as economias regionais por meio do *marketing* local, que gira em torno dos ativos incorporados territorialmente. Uma IG oficialmente assegura e anuncia ativos regionais, podendo se constituir em um método eficiente para a comercialização do lugar.

CONSIDERAÇÕES FINAIS

A tendência da preferência dos consumidores continua no tocante a mudar de quantidade para qualidade e identidade, especialmente no que diz respeito aos produtos agroindustriais. A crescente demanda e atenção à qualidade dos produtos agroalimentares é resultado de uma série de fatores, tais como a tomada de consciência da segurança alimentar, o *status* sociocultural de consumo de certos alimentos e um interesse renovado na nostalgia e na herança culinária. Os consumidores estão cada vez mais interessados nos aspectos históricos e culturais que giram em torno dos produtos que compram. O Brasil, como grande exportador de produtos agrícolas, agroindustriais e artesanais, apresenta significativo potencial para esse tipo de proteção, tendo-se em conta a diversidade cultural, os ecossistemas e a gastronomia típica.

No espaço de apenas dois anos (2011 e 2012), o número de IGs concedidas no Brasil dobrou, e a tendência é seguir aumentando em função da demanda. A maioria das IGs brasileiras envolvem a produção de produtos por pequenos produtores ou pequenas empresas. O crescimento tem sido alimentado por esforços concentrados entre os produtores e uma variedade de órgãos públicos, os quais vêm agindo em conjunto para atender à essa necessidade, tendência e demanda, até porque várias das regiões estão se preparando para o encaminhamento de novos pedidos. Será, no entanto, necessário acompanhar o grau de sucesso e fracasso dos diferentes tipos de estratégias de IG dos produtos de cada região.

A singularidade da região rural do Recôncavo Baiano ou do Vale da Copioba pode ser uma importante vantagem competitiva. Uma IG da farinha de copioba resultaria em maior valor agregado por meio da diferenciação do produto com base na garantia de qualidade, o que protege os consumidores, pois pode fornecer oficialmente informações certificadas sobre os atributos do produto e valoriza e preserva a identidade e o patrimônio cultural da região. Deve-se destacar que, apesar de a farinha de copioba estar no mercado, não existe um padrão de identidade e qualidade para ela, e os canais de comercialização muitas vezes são pouco satisfatórios para os pequenos empreendedores agroindustriais que envolvem grupos pequenos de famílias com fortes laços de parentesco, tradições ou lideranças marcantes. São cadeias produtivas pouco estudadas, ao contrário dos produtos convencionais ligados aos grandes complexos agroindustriais. Uma equipe inter e multidisciplinar e em rede, que envolve UFBA, Fapesb, Embrapa/RJ/BA, Senac, Empresa Baiana de Desenvolvimento Agrícola (EBDA), Sebrae-BA, Inpi, sindicatos e prefeituras e a Rede NIT-NE, está se formando para apoiar o processo, buscando a melhoria da qualidade e a organização dos produtores rurais da cadeia produtiva.

REFERÊNCIAS BIBLIOGRÁFICAS

ADDOR, F. & GRAZIOLI, A. "Geographical indications beyond wines and spirits: a roadmap for a better protection for geographical indications in the WTO trips agreement". Em *Journal of World Intellectual*, nº 5, Oxford, 2002.

AGÊNCIA NACIONAL DE VIGILÂNCIA SANITÁRIA. "Portaria nº 326, de 30 de julho de 1997". Em *Diário Oficial da União*, Brasília, 1-8-1997.

_____. "Portaria nº 27, de 13 de janeiro de 1998". Em *Diário Oficial da União*, Brasília, 16-1-1998.

_____. "Resolução – RDC nº 12, de 2 de janeiro de 2001". Em *Diário Oficial da União*, Brasília, 10-1-2001.

_____. "Resolução – RDC nº 259, de 20 de setembro de 2002". Em *Diário Oficial da União*, Brasília, 23-9-2002a.

_____. "Resolução – RDC nº 275, de 21 de outubro de 2002". Em *Diário Oficial da União*, Brasília, 6-11-2002b.

_____. "Resolução – RDC nº 359, de 23 de dezembro de 2003". Em *Diário Oficial da União*, Brasília, 26-12-2003a.

_____. "Resolução – RDC nº 360, de 23 de dezembro de 2003". Em *Diário Oficial da União*, Brasília, 26-12-2003b.

_____. "Resolução – RDC nº 175, de 8 de julho de 2003". Em *Diário Oficial da União*, Brasília, 10-7-2003c.

ALVARENGA, A. L. B. "Princípios das boas práticas de fabricação: requisitos para implementação de agroindústria de agricultores familiares". Em *Recomendações básicas para a aplicação das boas práticas agropecuárias e de fabricação na agricultura familiar*. Série Programa de Agroindustrialização Familiar. Brasília: Embrapa Informação Tecnológica, 2006.

AMIDEN NETO, G. *Potencial ecoturístico do Recôncavo Sul Baiano*. Monografia de especialização. Brasília: Universidade de Brasília, 2004.

BABCOCK, B. A. & CLEMENS, R. *Geographical indications and property rights: protecting value-added agricultural products*. Ensaio 04-MBP 7. Ames: Midwest Agribusiness Trade, Research and Information Center – Iowa State University, 2004.

BRANCO, N. P. N. C. S. *et al*. "Projeto de contribuição à Indicação Geográfica para farinha de mandioca de tipo copioba: a construção de indicadores sociais para avaliação de impactos em desenvolvimento". Em *Revista Geintec*, 2 (4), São Cristóvão, 2012a.

_____."Projeto de contribuição à Indicação Geográfica para farinha de mandioca de tipo copioba". Em *Anais do V Encontro Acadêmico de Propriedade Intelectual, Inovação e Desenvolvimento*, vol. 1, Rio de Janeiro, 2012b.

CALDAS, A. S. "As denominações de origem como unidade de planejamento, desenvolvimento local e inclusão social". Em *Revista de Desenvolvimento Econômico*, nº 8, Salvador, 2003.

_____. "Novos usos do território: as indicações geográficas protegidas como unidades de desenvolvimento regional". Em *Revista Bahia Análise & Dados*, nº 14, Salvador, 2004.

_____ & OTERO, E. C. "Atores sociais, mercado e competitividade na Denominação de Origem de vinhos Ribeiro-Espanha". Em *Revista de Desenvolvimento Econômico*, nº 5, Salvador, 2002.

_____ *et al.* "Mais além dos arranjos produtivos locais: as indicações geográficas protegidas como unidades de desenvolvimento local". Em *Revista de Desenvolvimento Econômico*, nº 11, Salvador, 2005a.

_____. "A importância da denominação de origem para o desenvolvimento regional e inclusão social: o caso do território da cachaça de Abaíra". Em *Revista Desenbahia*, nº 3, Salvador, 2005b.

CAMPOS, M. C. & SANTOS, V. da S. *Melhoramento de mandioca para a indústria de farinha e fécula*. Jornada Científica da Embrapa Mandioca e Fruticultura, Cruz das Almas, 2010.

CARVALHO, J. D. *Controle de qualidade de trigo e derivados e tratamento e tipificação de farinhas*. Curitiba: Granotec do Brasil, 2002.

CEREDA, M. P. & VILPOUX, O. F. (orgs.). *Tecnologias, usos e potencialidades de tuberosas amiláceas latino-americanas*. Vol. 3. São Paulo: Fundação Cargill, 2003.

CHISTÉ, R. C. *et al.* "Qualidade da farinha de mandioca do grupo seca". Em *Ciência e Tecnologia de Alimentos*, 26 (4), Campinas, out.-dez. de 2006.

_____. "Estudo das propriedades físico-químicas e microbiológicas no processamento da farinha de mandioca do grupo d'água". Em *Ciência e Tecnologia de Alimentos*, 27 (2), Campinas, abr.-jun. de 2007.

COUTINHO, A. L. D. *Farinhada e comensalidade no Semiárido baiano: hábitos alimentares e identidade sertaneja*. I Seminário sobre Alimentos e Manifestações Culturais Tradicionais, São Cristóvão, maio de 2012.

CUENCA, M. A. G. *et al.* "Análise da variação dos preços da mandioca na Bahia e sua influência no valor bruto da produção estadual". Em *Revista Raízes e Amidos Tropicais*, 5 (156), São Paulo, julho de 2009.

DRUZIAN, J. I. & NUNES, I. L. "Indicações Geográficas brasileiras e impacto sobre bens agrícolas e/ou agroindustriais". Em *Revista Geintec*, 2 (4), São Cristóvão, 2012.

FALCADE, I. *et al. Vale dos Vinhedos: caracterização geográfica da região*. Caxias do Sul: Educs, 1999.

FERRAZ SEXTO, C. "El território como mercancía: fundamentos teóricos y metodológicos del marketing territorial". Em *Revista de Desenvolvimento Econômico*, nº 5, Salvador, 2001.

FUNDAÇÃO DA AGRICULTURA E PECUÁRIA DO ESTADO DA BAHIA. *Território de identidade: Recôncavo*. Disponível em http://faeb.org.br/perfil-de--territorios/reconcavo.html. Acesso em 17-11-2012.

GIUNCHETTI, C. S. "Indicações Geográficas: uma abordagem pragmática acerca de sua apropriação por comunidades tradicionais da Amazônia". Em CARVALHO, P. L. *Propriedade intelectual*. Curitiba: Juruá, 2006.

GALVÃO, C. A. *et al.* "Redes solidárias de comercialização e compra de produtos nordestinos no Distrito Federal (DF)". Em *Espaço & Geografia*, 8 (1), Brasília, 2005.

GUIMARÃES, D. G. *et al.* "Avaliação da qualidade de raízes de mandioca na região sudoeste da Bahia". Em *Anais do XIII Congresso Brasileiro de Mandioca*, Botucatu, 2009.

HARTE-BAVENDAMM, H. "Geographical indications and trademarks: harmony or conflict". Em *Symposium on the International Protection of Geographical Indication WIPO*, Genebra, 2000.

IBGE. *Levantamento sistemático da produção agrícola. Setembro, 2010.* Disponível em http://www.ibge.gov.br/home/estatistica/indicadores/agropecuaria/ lspa/lspa_201009.pdf. Acesso em 12-10-2012.

INSTITUTO ADOLFO LUTZ. *Normas analíticas do Instituto Adolfo Lutz: métodos químicos e físicos para análises de alimentos.* Vol. 1. São Paulo: IAL, 1995.

INSTITUTO NACIONAL DA PROPRIEDADE INDUSTRIAL. "Indicações geográficas". Em *Relação de Indicações Geográficas depositadas e concedidas atualizada em 31-11-2012.* Disponível em http://www.inpi.gov.br/menu-esquerdo/ indicacao. Acesso em 20-11-2012.

INSTRUÇÃO NORMATIVA nº 52, de 7 de novembro de 2011. Em *Diário Oficial da União*, Brasília, 8-11-2011.

LAGARES, L.; LAGES, V.; BRAGA, C. (orgs.). *Valorização de produtos com diferencial de qualidade e identidade: indicações geográficas e certificações para competitividade nos negócios.* Brasília: Serviço Brasileiro de Apoio às Micro e Pequenas Empresas, 2006. Disponível em http://www.cnpuv.embrapa.br/publica/livro/NT0003501A.pdf. Acesso em 2-8-2012.

LEI Nº 9.279, de 14 de maio de 1996. Em *Diário Oficial da União*, Brasília,15-5-1996.

LILLYWHITE, J. *et al.* "Regional branding in a global market place New Mexico Chile Task Force Report 21". Disponível em http://www.cahe.nmsu.edu/pubs/ research/horticulture/CTF21.pdf. Acesso em 26-11-2012.

MASCUS, K.E. *Intellectual Property Rights in the Global Economy.* Washington: Institute for International Economics, 2000.

MATOS, M. F. R. *et al.* "Conformidade das farinhas de mandioca tipo copioba comercializadas nas feiras de Salvador (BA) com os parâmetros da legislação:

uma contribuição à Indicação Geográfica (IG) do produto". Em *Revista Geintec*, 2 (3), São Cristóvão, 2012a.

_____. "Cor e corantes como parâmetros de diferenciação da origem geográfica da farinha de mandioca do tipo copioba". Em *Anais do II Simpósio Internacional de Indicações Geográficas*, vol. 1, Fortaleza, 2012b.

MINISTÉRIO DA AGRICULTURA, DO ABASTECIMENTO E DA REFORMA AGRÁRIA."Portaria nº 554, de 30 de agosto de 1995". Em *Diário Oficial da União*, Brasília, 1-9-1995.

MINISTÉRIO DA AGRICULTURA, PECUÁRIA E ABASTECIMENTO. *Guia para solicitação de Registro de Indicação Geográfica para produtos agropecuários*, 2010. Disponível em http://www.agricultura.gov.br/desenvolvimento-sustentavel/indicacaogeografica/produtos-potenciais. Acesso em 30-10-2012.

MINISTÉRIO DA SAÚDE. "Portaria nº 1.428, de 26 de novembro de 1993". Em *Diário Oficial da União*, Brasília, 2-12-1993.

MIRANDA, C. L. *Projeto agropecuário do Recôncavo. Estratégia de desenvolvimento agropecuário do Recôncavo Baiano*. Salvador: Secretaria do Planejamento, Ciência e Tecnologia; Companhia de Desenvolvimento da Região Metropolitana de Salvador, 1974.

NUNES, G. S. *et al*. "Indicações Geográficas (IGs): instrumento de desenvolvimento sustentável". Em *Revista Geintec*, 2 (4), São Cristóvão, 2012.

OLIVEIRA, L. L. de & REBOUÇAS, T. N. H. "Perfil higiênico-sanitário das unidades de processamento da farinha de mandioca (*Manihot esculenta Crantz*) na região Sudoeste da Bahia". Em *Alimentos e nutrição*, 19 (4), Araraquara, 2008.

ORGANIZAÇÃO DAS NAÇÕES UNIDAS PARA A ALIMENTAÇÃO E A AGRICULTURA (FAO). *Faostat 2011*. Disponível em http://faostat.fao.org. Acesso em 7-3-2013.

ORGANIZAÇÃO MUNDIAL DO COMÉRCIO. "Acordo sobre aspectos dos direitos de propriedade intelectual relacionados ao comércio (Acordo TRIPS ou Acordo ADPIC)". Em *Diário Oficial da União*, 248-A (1), Brasília, 31-12-1994.

ORGANIZATION FOR AN INTERNATIONAL GEOGRAPHICAL INDICATIONS NETWORK-ORIGIN. "The future of geographical indications position paper of the European Chapter of Origin". Em *The Journal of World Intellectual Property*, 5 (6), Nova Jersey, 2002.

PROFETA, A. *et al*. "The protection of origins for agricultural products and foods in Europe: status quo, problems and policy recommendations for the Green Book". Em *The Journal of World Intellectual Property*, 12 (6), Nova Jersey, 2009.

FARINHA DE MANDIOCA

_____. "Protected geographical indications and designations of origin: an overview of the status quo and the development of the use of regulation (EC) 510/06 in Europe, with special consideration of the German situation". Em *Journal of International Food & Agribusiness Marketing*, 22 (1-2), Londres, 2010.

RAMOS, B. D. & FERNANDES, L. R. R. de M. "An overview of geographical indications in Brazil". Em *Journal of Intellectual Property Rights*, 17, Nova Délhi, 2012.

RAMOS, P. A. S. *Caracterização morfológica e produtiva de nove variedades de mandioca cultivadas no sudoeste da Bahia*. Dissertação de mestrado. Viçosa: UFV, 2007.

SANTANNA, M. E. B. & MIRANDA, M. S. "Avaliação microbiológica das etapas de produção da farinha de mandioca no Recôncavo Baiano". Em *Magistra*, 16 (1), Cruz das Almas, 2004.

SANTOS, D. G. D. *O léxico da casa de farinha*. Dissertação de mestrado. Salvador: UFBA, 1997.

_____. "Modos de dizer e modos de fazer: reflexões sobre linguagem e trabalho". Em *Sitientibus*, nº 29, Feira de Santana, 2003.

SANTOS, E. M. *et al.* "Identidade e qualidade das farinhas de mandioca tipo copioba através de parâmetros físico-químicos: uma contribuição preliminar à indicação geográfica". Em *Anais do II Simpósio Internacional de Indicações Geográficas*, vol. 1, Fortaleza, 2012.

SARMENTO, S. B. S. "Legislação brasileira para derivados da mandioca". Em *Revista Raízes e Amidos Tropicais*, nº 6, Botucatu, 2010.

SILVA, P. P. *Farinha, feijão e carne-seca: um tripé culinário no Brasil colonial*. São Paulo: Editora Senac São Paulo, 2005.

SILVA, W. *et al.* "Avaliação da cobertura do programa de triagem neonatal de hemoglobinopatias em populações do Recôncavo Baiano, Brasil". Em *Cadernos de Saúde Pública*, 22 (12), Rio de Janeiro, 2006.

SOUZA, J. M. L. *et al.* "Variabilidade físico-química da farinha de mandioca". Em *Ciência e Tecnologia de Alimentos*, 28 (4), Campinas, 2008.

SUH, J. & MACPHERSON, A. "The Impact of Geographical Indication on the Revitalization of a Regional Economy: a Case Study of 'Boseong' Green Tea". Em *Area*, 39 (4), Londres, 2007.

TONIETTO, J. *Vinhos brasileiros de 4ª geração: o Brasil na era das indicações geográficas*. Comunicado Técnico nº 45. Bento Gonçalves: Embrapa Uva e Vinho, 2003.

VIEIRA, A. C. P.; WATANABE, M.; BRUCH, K. L. "Perspectivas de desenvolvimento da vitivinicultura em face do reconhecimento da indicação de procedência Vales da Uva Goethe". Em *Revista Geintec*, 2 (4), São Cristóvão, 2012.

WATAL, J. *Intellectual property rights in the WTO and developing countries.* Londres: Kluwer Law International, 2001.

WORLD INTELLECTUAL PROPERTY ORGANIZATION. *Intellectual property handbook WIPO publication nº 489.* Genebra: Wipo, 2006.

Sobre os autores

ANTONIO ANDRADE SANTOS

Comerciário aposentado. Iniciou seu trabalho em mercearia aos 13 anos; depois, aventurou-se em São Paulo e no Rio de Janeiro. De volta à Bahia, viveu em Jequié e passou a comercializar produtos por outras cidades do interior. Abriu e gerenciou livraria, distribuindo coleções, a partir de vendedores com carro pelo interior da Bahia, nas décadas de 1960 a 1980.

ASDRUBAL VIEIRA SENRA

Pesquisador da alimentação, principalmente a brasileira. Professor na Universidade Federal da Bahia (UFBA); professor convidado na Universidade do Vale do Itajaí (Univali).

CAROLINA OLIVEIRA DE SOUZA

Farmacêutica. Doutoranda em Medicina e Saúde na UFBA e mestre em Ciência de Alimentos pela mesma instituição. Ex-professora na UFBA e autora de artigos científicos sobre os temas: análise físico-química; composição de alimentos e bebidas; análises cromatográficas; produção e caracterização de embalagens bioativas.

FARINHA DE MANDIOCA

DIEGO ROBERTO DA CUNHA PASCOAL

Engenheiro de alimentos. Mestrando em Ciência de Alimentos pela UFBA. Atua na área de ciência e tecnologia de alimentos, com ênfase em controle de qualidade, desenvolvimento e transferência de tecnologia e propriedade intelectual.

ELMO ALVES SILVA

Estudioso da cultura e da gastronomia baiana e de suas vertentes religiosa, de subsistência e sertaneja. Docente no Senac Bahia, palestrante e professor de história da alimentação. Graduado em História pela Universidade Católica do Salvador (UCSal).

FERNANDA CABRINI

Proprietária e gerente de pousada na Bahia. Italiana, mora no estado baiano desde 1981. Em Roma, trabalhou como jornalista. Há muitos anos estuda e pratica técnicas de agrofloresta, preservação do solo e gastronomia ligada à cultura popular. Participante do Slow Food.

ÍCARO RIBEIRO CAZUMBÁ

Membro do Grupo de Pesquisa em Segurança Alimentar e Comércio Informal de Alimentos (SACIA), mestrando em Ciência de Alimentos pela UFBA, graduado em Nutrição (UFBA) e técnico em Agropecuária pela Escola Agrotécnica Federal Antonio José Teixeira.

ITACIARA LARROZA NUNES

Nutricionista. Doutora em Ciência de Alimentos pela Universidade Estadual de Campinas (Unicamp) e professora na Escola de Nutrição da

Universidade Federal da Bahia (ENUFBA). Autora de artigos científicos, organizadora de coletânea e tradutora. Atua nos seguintes temas: química e análise de alimentos, carotenoides, cor, encapsulamento, estabilidade, análise cromatográfica.

JANE DE ALBUQUERQUE MELO FIGUEIRÊDO

Bióloga. Coordenadora e administradora do Traripe Espaço Cultural Ecológico; coordenadora de projetos com foco em turismo rural, preservação ambiental e desenvolvimento sustentável na Bahia.

JANICE IZABEL DRUZIAN

Química industrial. Doutora em Ciência de Alimentos pela Universidade Estadual de Campinas (Unicamp) e professora na Faculdade de Farmácia da UFBA. Autora de mais de 50 artigos científicos, 3 capítulos de livros, além de 10 patentes depositadas e 15 prêmios, entre eles os Prêmios Inovação da Fundação de Amparo à Pesquisa do Estado da Bahia (Fapesb) 2010 e 2011.

JOSELITO DA SILVA MOTTA

Engenheiro agrônomo e instrutor para produtores e técnicos brasileiros da África, da Ásia e da América Latina. Mestre em Extensão Rural – Concentração em Difusão de Tecnologia pela Universidade Federal de Viçosa (UFV), em Minas Gerais. Pesquisador da Embrapa Mandioca e Fruticultura – Centro Nacional de Pesquisa de Mandioca e Fruticultura (CNPMF).

LÍLIAN LESSA ANDRADE LINO

Professora na Escola de Nutrição da Universidade Federal da Bahia (ENUFBA). Doutoranda em Difusão do Conhecimento pela UFBA e mestre em Nutrição pela mesma instituição; pós-graduada em Práticas Educacionais na Área da Saúde e em Consciência e Educação; graduada em Nutrição pela Universidade do Estado da Bahia (Uneb).

MARCELO TERÇA-NADA!

Editor do blog Vírgula-imagem. Fundador do Poro (www.poro.redeze-ro.org), integrante da DoDesign-s (www.dodesign-s.com.br) e colaborador do Slow Food. Desenvolve projetos de arte, *design* e comunicação com foco em espaço público, produção sustentável de alimentos e comércio justo.

ODILON BRAGA CASTRO

Cozinheiro profissional e professor na UFBA; mestre em Alimentos, Nutrição e Saúde pela Escola de Nutrição da Universidade Federal da Bahia (ENUFBA).

RAUL LODY

Antropólogo e museólogo. Conferencista internacional. Criador e curador do Museu da Gastronomia Baiana e representante do Brasil na International Commission on the Anthropology of Food – Icaf (2003-2013). Criador e coordenador do Grupo de Antropologia da Alimentação Brasileira (Gaab), Fundação Gilberto Freyre. Autor e organizador de livros sobre comida e cultura, entre eles *Brasil bom de boca: temas de antropologia da alimentação, Coco: comida, cultura e patrimônio, Dendê: símbolo e sabor da Bahia, Vocabulário do açúcar: histórias, cultura e gastronomia da cana sacarina no Brasil, Dicionário do doceiro brasileiro* (em coorganização com o dr. Antonio José de Souza Rego) e *Cabelos de axé*.